Ingrid Biermann

Kleinkinder entdecken ihre Umgebung

Ideen für Krippe, Kita und Tagesmütter

Ingrid Biermann

Kleinkinder entdecken ihre Umgebung

Ideen für Krippe, Kita und Tagesmütter

HERDER

FREIBURG · BASEL · WIEN

Inhalt

1.

Spielen mit den Kleinsten

Was tun wir mit den Kleinsten? Die Gruppe der 0–3 jährigen Kinder gerät zunehmend in den Fokus der Pädagogik. Diese Buchreihe wendet sich an Erzieherinnen, Tagesmütter und Spielgruppenleiterinnen, die bereits mit ganz kleinen Kindern arbeiten oder zukünftig arbeiten möchten.
Der Betreuungsbedarf für Kinder unter 3 Jahren wächst ständig (zum Teil bedingt durch die Berufstätigkeit der Mütter sowie die steigende Zahl allein erziehender Elternteile). Die Vereinbarkeit von Familie und Beruf ist für viele junge Eltern zunehmend an adäquate Betreuungsmöglichkeiten für Kinder unter 3 Jahren geknüpft. Das Angebot an Krippenplätzen für die Kleinsten liegt dabei noch immer deutlich unter Bedarf und Nachfrage.
Waren die Kleinsten bislang vorwiegend in Kinderkrippen untergebracht, die meist sog. „Kombi-Einrichtungen" (Tagesstätten mit Krippe, Kindergarten und Hort) angehörten, gehen neue Trends dahin, auch die sog. „Regelkindergärten" für Kinder unter 3 Jahren zu öffnen, gekoppelt an flexible Betreuungszeiten.

Eckpunkte der Krippenpädagogik heute

Leider wird die Betreuung der Kleinsten außerhalb der Familie immer noch als die zweitbeste Lösung angesehen. Traditionell gilt die Mutter (der Vater) als die ideale Bezugsperson.
Dabei kann die Kleinfamilie den Kindern längst nicht mehr allein das bieten, was sie für eine gesunde Entwicklung brauchen: Über die Hälfte der Kinder wächst ohne Geschwister auf. Beengte Wohnverhältnisse in Städten, eingeschränkte Spielräume, wenig Spielkameraden im Umfeld machen es notwendig, Defizite an sozialen Kontakten auszugleichen.
Um schon Kleinkindern Erfahrungen mit anderen Kindern zu ermöglichen, besuchen viele Mütter/Väter mit ihren Babys und Kleinkindern einmal wöchentlich Kurse nach dem „Prager-Eltern-Kind-Programm" (PEKiP) oder nehmen an „Eltern-Kind-Spielgruppen" („Mini-Clubs", Krabbelgruppen") teil. So wichtig diese Gruppen sind: In der Regel setzen sie sich altershomogen zusammen und bieten somit keine Erfahrungen zwischen unterschiedlichen Altersstufen.
Besuchen Kleinkinder dagegen eine Ganztagseinrichtung (Tagesstätte), so haben sie hier nicht nur eine tägliche Betreuung. Sie treffen sehr oft – anders als in „Eltern-Kind-Spielgruppen" – auf familienähnliche Strukturen: Dabei üben die Großen Rücksicht

und helfen den Kleinen, die Kleinen lernen von den Großen. Man findet die „kleine Altersmischung" (0–3 jährige Kinder in einer separaten Krippengruppe), aber zunehmend auch die „große Altersmischung" (0–6 Jahre) in einer Kindergartengruppe. Die „große Altersmischung" in einer Gruppe erfordert viel Flexibilität und pädagogisches Geschick seitens der Erzieherin und eine gute personelle Besetzung, damit jede Altersgruppe in ihren Bedürfnissen angesprochen werden kann.

Die Rolle der Erzieherin bei den Kleinsten

Erzieherinnen, die mit Kleinkindern arbeiten, sollten sich darum bemühen, professionelle Konzepte zu erarbeiten. Niemals darf die Arbeit mit dieser Altersgruppe nur „irgendwie improvisiert" werden.
Kleinkinder brauchen viel Nähe, Zuwendung, Hautkontakt und eine verlässliche Bindung an die Erzieherin. Häufiger Wechsel der Bezugspersonen ist zu vermeiden. Wenn ein Kleinkind in eine Tageseinrichtung kommt, so muss es die erste längere Trennungserfahrung von den Eltern verarbeiten. Kinder, die unter der Trennung sehr leiden, können nicht entspannt und lustvoll spielen.
Kleinkinder sind darauf angewiesen, dass Erzieherinnen ihre Signale verstehen, ihre Bedürfnisse wahrnehmen und angemessen darauf reagieren.
Erzieherinnen sollten vor allem wissen, welche Entwicklungsschritte Kinder im Alter von 0–3 Jahren durchlaufen: Dies gilt besonders für die Bereiche Motorik, Wahrnehmung, Sprache, Denken und soziale Bindung.

Was diese Buchreihe möchte und wie Sie damit arbeiten können

- Zur Reihe gehören verschiedene Themen-Schwerpunkte: *Bewegung, (Sinnes)-Wahrnehmung, Musik, Umwelterfahrung, Sprache, kreative Materialerfahrung.*
- Alle Bände der Reihe ergänzen sich wie Bausteine, bilden letztendlich ein „großes Bauwerk", denn kein Bereich kann isoliert betrachtet werden.
- Jeder Band enthält eine allgemeine *theoretische* Einführung. Dann geht es um das spezielle Förder-Thema (z. B. Umgebung entdecken).
  Dazu gehört auch die *Entwicklung* von Kindern in dem jeweiligen speziellen Förderbereich.
- Das Buch ist vor allem ein *Praxis-Buch*.

2.

- Die Spielvorschläge orientieren sich an der Entwicklung der Kleinsten.
- Beobachten Sie die Kinder! Womit beschäftigen sie sich? Was können sie schon? Was können sie noch nicht? So sind Sie in der Lage, *das passende Spiel zur richtigen Zeit* anzuregen.
- Je nach Spielidee können Sie mit einem *einzelnen Kind, einer kleinen Gruppe* (ca. 4–6 Kinder) oder mit einer *größeren Gruppe* spielen. Es werden sowohl freie („Freispiel") als auch gelenkte *Spielaktionen* (gezielte „Beschäftigungen") berücksichtigt.
- Sie finden vor jedem Spiel Angaben zu:
  - *Alter/Entwicklungsstand*
  - *Mitspielern*
  - *Material*
  - *Ort/Raum* sowie
  - *Hinweise* (z. B. Förderziele, praktische Tipps zum pädagogischen Vorgehen ...)

  Im *Anschluss* an die Spielbeschreibung finden Sie zudem:
  - *Variationen* (wie kann ich das Spiel situationsbezogen umgestalten?) und
  - *Für ältere Kinder* (Vorschläge für das Spiel mit älteren Kindern)
- Falls nötig finden Sie auf einzelnen Seiten noch einen *Kasten* mit zusätzlichen Tipps und Hintergrundinformationen.
- Die Spiele sind für Babys/Kleinkinder *ab 6 Monaten* bis zu *3 Jahren* gedacht. Einzelne Spiele lassen sich auch mit Babys unter 6 Monaten spielen.

Förderschwerpunkt Umgebung

Die Welt ist für das Kind voller Wunder. Mit allen Sinnen macht es sich auf den Weg, um in dieser Welt heimisch zu werden. Überall ist etwas los und alles muss im ursprünglichen Sinne des Wortes „begriffen" werden. Mit beiden Händen ist das Kleinkind dabei und steckt alle Dinge, die es sieht, auch in den Mund. Diese Phase wird die orale Phase genannt und dauert bis zum 8. Lebensmonat. Mit der Zunge und den Lippen erfühlt das Kind seine Umgebung, bevor es sie später mit den Augen wiedererkennt. Das Kind benötigt im 1. Lebensjahr direkten Kontakt mit Dingen und Materialien, um sich in seiner Umwelt sicher zu fühlen, um anzukommen. Robbend, krabbelnd, rollend, greifend setzt es sich mit sich und seiner Umwelt auseinander. Seine Sinne sind immer auf Empfang für neue Impulse und vermitteln ihm stetig Auskunft über seinen Körper. In jeder Tätigkeit entwickelt das Kind sein Körperbewusstsein weiter, bekommt ein Bild von sich und den Dingen seiner Umgebung. Dinge wie Wasser, Sand, Erde oder Steine nimmt es in der Krabbelphase in Angriff. Bis zum 2. Lebensjahr steht jedoch nicht unbedingt ein bestimmtes Spiel im Vordergrund, sondern das Material selbst. Bis dahin setzt sich das Kind experimentell mit den Materialien auseinander und macht auf diese Weise seine Erfahrungen. Spielideen zu bestimmten Materialien finden sich aus diesem Grund erst ab dem 2. Lebensjahr in diesem Buch.

Vorsorge ist ratsam!

Jede Person, die ein Kleinkind betreut, sollte seinem Spiel aufmerksam zuschauen und die Orte, an denen es krabbelt, gezielt aussuchen. Werden dem Kleinkind natürliche Materialien als Spielzeug angeboten, sollten diese gereinigt und in einem kleinen Planschbecken bereitgestellt werden. Ein Schwimmbecken mit Sand, Steinen, Wasser, Kastanien, Gras, Blättern kann nach dem Spiel, egal ob im Freien oder im Haus, zugedeckt und am nächsten Tag wieder bedenkenlos zum Spiel angeboten werden.
Alle Materialien wie Farben, Klebstoffe, Hölzer oder Stoffe sollten schadstofffrei sein, denn das Kleinkind steckt auch nach der oralen Phase vieles gerne in den Mund.
Da immer mehr Kinder unter Hautempfindlichkeit leiden, sollten alle Angebote den Eltern vorgestellt werden. So können sie eventuelle Bedenken äußern.
Die in diesem Buch angegebenen Spiele sind nicht abhängig von einer bestimmten Jahreszeit. Viele Angebote können sowohl im Frühjahr als auch im Sommer, Herbst oder Winter gespielt werden. Sie sind auch nicht wetterabhängig, denn mit Sand, Wasser oder Gras lässt es sich im Freien und im Haus spielen.

Viele Angebote lassen sich dem Alter der Kinder anpassen, denn auch Sechsjährige lieben es, barfuss durch das Gras zu laufen oder im Matsch zu spielen. Wichtig ist nur, dass das Kind immer mit viel Spaß bei der Sache ist und an jedem Ort ausdauernd mit den verschiedenen Naturmaterialien umgehen kann.

Das Kind bis zum 3. Lebensjahr

Von Geburt an ist das Kind ein Wesen, das über vielerlei Talente verfügt. Es hat viele Möglichkeiten sich auszudrücken, auf sich aufmerksam zu machen und sich mit seiner Umwelt auseinander zu setzen. Es sucht Kontakte und findet immer einen Weg, diese zu knüpfen. Es kann hören, fühlen, riechen, sehen, schmecken und sich schon früh nonverbal mit Gleichaltrigen verständigen. Das Kind nimmt mit all seinen Möglichkeiten Kontakt zu seiner Umwelt auf und erweitert durch seine angeborene Neugierde schnell seinen Aktionsradius. Um neue Erfahrungen zu machen, setzt es sich Schritt für Schritt mit Materialien, Handlungen und Dingen auseinander. Es wiederholt und kombiniert seine Aktionen, hält den Prozess der Wahrnehmung in vollem Gang. Das Kleinkind begreift und erfasst, lernt und entwickelt sich in seinem Tempo. Gemeinsam mit anderen Kindern wird es von Tag zu Tag wacher und aktiver.

Ein Kind unter 3 Jahren will …
- aktiv seine Umwelt entdecken und erforschen,
- gemeinsam mit anderen spielen und kommunizieren,
- Aufmerksamkeit, Beachtung und Zuwendung spüren,
- seine Bedürfnisse vermitteln und ernst genommen werden,
- kreativ sein und Kompetenzen entwickeln,
- Schritt für Schritt die Welt erobern,
- experimentieren und dadurch verstehen lernen,
- beobachten, imitieren, nachspielen,
- mit all seinen Sinnen aktiv sein,
- sich mit fantasievollen und anregenden Materialien auseinander setzen,
- seine Fähigkeiten entdecken, sicher werden und seine Stärken kennen lernen,
- Zeit für seine ganz persönliche Entwicklung haben,
- Raum haben, um seinen Horizont zu erweitern,
- so wie es ist, angenommen werden,
- Impulse bekommen, die zum Hinschauen, Zuhören, Mitmachen auffordern.

Dafür braucht es Menschen, ...

- die zuhören und hinschauen,
- die ihm Zeit schenken und immer ansprechbar sind,
- die verlässlich, fröhlich, freundlich und liebevoll sind,
- die es ermutigen, die ihm vertraut sind,
- bei denen es seine Gefühle ausleben kann,
- die seine Bedürfnisse erkennen und flexibel sind,
- mit denen es spielen, lachen, reden kann,
- die das Kind ernst nehmen und es verstehen,
- die akzeptieren, dass jedes Kind sein eigenes Tempo hat,
- die eine positive Ausstrahlung haben und anregende Impulse geben.

Dafür braucht es eine Umgebung, die ...

- ihm vertraut ist, in der es sich sicher fühlt,
- zum Entdecken, Experimentieren, Hinschauen und Verweilen einlädt,
- geordnet und übersichtlich ist, nicht zu viele Reize vermittelt,
- zur Aktivität und zum Ausruhen einlädt,
- durch das Material anregend ist,
- die Sinne weckt,
- es zulässt, im eigenen Tempo seine Erfahrungen zu machen,
- klug macht,
- Raum und Zeit für Wiederholungen lässt,
- Möglichkeiten gibt, den Aktionsradius zu erweitern,
- Möglichkeiten gibt, um Kontakte zu knüpfen.

Dafür braucht es Material, das ...

- zum Experimentieren, Erforschen und Entdecken einlädt,
- frei von Schadstoffen ist,
- die Sinne weckt und das Körperbewusstsein schult,
- die Kommunikationsfreude anregt,
- neugierig macht und zum Beobachten motiviert,
- Ähnlichkeiten und Unterschiede erkennen lässt,
- zum Sortieren, Zuordnen, Zusammenfügen auffordert,
- die Fantasie weckt und eigene Vorstellungen zulässt.

3.

Die Natur als Lernwerkstatt für unsere Kleinsten

Die Natur als Lernwerkstatt bietet die besten Bedingungen zum Experimentieren, für neue Erfahrungen und die Auseinandersetzung mit unterschiedlichen Materialien. Jedes Kind, das viel Freiraum zum Experimentieren mit Wasser, Sand, Steinen und vielen anderen Dingen hat, setzt seine Sinne ein und nimmt dabei mit seiner ganzen Körperlichkeit wahr. Spielerisch stärkt es seine soziale und emotionale Kompetenz, wächst sein Ich-Bewusstsein durch Spaß und Erfolg.
Im 2. Lebensjahr entwickelt das Kind ein starkes Bedürfnis, seine Welt zu erkunden und Neues zu erlernen. Dieser Forschungsdrang macht das Kind so beweglich, dass es selbst die Initiative ergreift und die Entwicklung seines Körperbewusstseins fördert. Die Erzieherin sollte dem Kind ausreichend Raum und Zeit zum Entdecken geben sowie gezielte Spielimpulse anbieten, damit es seinen Bedürfnissen nachkommen kann.
Hat das Kind in den ersten zwei Lebensjahren viel Zeit, großen (Frei-)Raum und sinnvolle Impulse erhalten, um seine Welt langsam zu entdecken und sich in ihr heimisch zu fühlen, steht es mit Beginn des 3. Lebensjahres recht sicher auf eigenen Beinen. Nun beginnt die Phase, in der es sich in seiner Welt gut zurechtfindet und gezielt handelt. Sein Entdeckungsraum vergrößert sich. Seine Lernfreude und seine Begeisterung für natürliche Spielimpulse nehmen dank seiner Sprach- und Bewegungsentwicklung, seiner guten Material- und Umwelterfahrung weiter zu. Das Kind entdeckt immer wieder andere Lernfelder und lernt diese miteinander zu verknüpfen. Beispielsweise kombiniert es Erfahrungen, die es einerseits mit Holz und andererseits mit Erde gemacht hat, sodass es Bretter, Äste, Baumstämme und Erdmatsche zu einem Kunstwerk verarbeiten kann. Später nimmt das Kind noch Steine dazu, um aus diesem Kunstwerk ein Haus, eine Brücke oder eine Bank zu bauen. Solche (Umwelt-)Erfahrungen vernetzen sich in dem Maße, in dem das Kind sich aktiv mit seiner Umgebung auseinander setzt, sie erforscht und hinterfragt. So ist es bis zum Eintritt in das Schulalter in der Lage, seine Welt immer besser zu verstehen und sich darin zurechtzufinden.

Gezielte Förderung von Anfang an

Materialien wecken in jedem Kind die Neugierde und fordern es auf, mit seinen Händen zu fühlen. Über Erfahrungsspiele lernt es schnell Materialien voneinander zu unterscheiden. Je vielfältiger die Angebote sind, umso differenzierter kann es sortieren, einordnen, zuordnen und einfache Verbindungen herstellen. Die ersten Fühlerfahrungen bilden die Basis für alle weiteren komplizierten Erfahrungen. Das Kleinkind erfühlt schon früh, dass rau nicht gleich rau und weich nicht gleich weich ist. Es bildet seine taktile Wahrnehmungsfähigkeit immer feinfühliger aus. Diese Sensibilität setzt sich in allen Sinnesbereichen fort. Ist die Basis geschaffen, so ist ein weiterer Aufbau problemlos. In den ersten drei Lebensjahren lernt ein Kind so viel wie in seinem weiteren Leben nicht mehr. Es lernt grundlegende Dinge, die später nur noch verfeinert werden. Seine Entwicklungsschritte sind so enorm, dass der Erwachsene, der das Kind begleitet, sich keine Unachtsamkeit erlauben sollte, die diese Entwicklung ins Schwanken bringen könnte. Gezielte Förderung beginnt nicht erst kurz vor dem Schuleintritt, sondern direkt nach der Geburt.

Hinweis zur Handhabung dieses Buches

Aufgrund meiner Erfahrung kann ich sagen, dass Kinder es sehr mögen, wenn sie von einer Fantasiegestalt bei ihren Entdeckungsreisen begleitet werden. Auch in diesem Projekt habe ich mich für eine Begleitfigur entschieden. Es ist das Eichhörnchen Leo, das die Kinder bei ihren Ausflügen in unbekannte Fühl-, Riech- und Tastwelten begleitet, ihnen Anregungen gibt und ihnen über Spiel- oder Bewegungsängste hinweg hilft.

Viele Spielangebote sind – mit kleinen Veränderungen – auch für 3- bis 6-jährige Kinder sowie für Babys interessant. Sollten Sie sich für intensive Spielerfahrungen mit natürlichen Materialien entscheiden, so ist es ratsam, andere Materialien zu entfernen. Ein Überangebot stellt eine Reizüberflutung dar und gefährdet ein sinnvolles Wahrnehmen und fantasievolles Experimentieren.

3.

Erfahrungsfeld Gras und Wiese

Barfußgehen macht viel Spaß und ist sehr gesund. Dennoch kann das Pieksen der Grashalme für die Kleinen zunächst unangenehm sein. Damit sie Scheu und Angst überwinden und Freude am Barfußgehen entwickeln, sollten die Kinder möglichst früh an das Barfußgehen gewöhnt werden. Besonders gut eignen sich Barfußspiele auf Frühlingswiesen, wenn das junge Gras noch sehr weich ist und keine Wespen zu befürchten sind. Natürlich sollte auch die Erzieherin barfuß gehen!

Mitmachgeschichten und Verse

Leo entdeckt den Frühling

Alter: ab 2,5 Jahre
Ort: Wiese
Mitspieler: 6–8 Kinder
Material: 1 großes grünes Tuch (Wiesentischdecke), einige Marmeladengläser mit Deckel, kleine Tüten, 1 Eichhörnchen (Stofftier), 1 Weidenkorb mit 1 Vogelfeder, Blumen, 1 Zweig mit Knospen, frisches Gras, für jedes Kind 1 Eimer und 1 Schaufel
Spielanleitung: Die Erzieherin holt Leo, das Eichhörnchen, und erzählt den Kindern eine kurze Geschichte:

Leo lebt in einem alten Baum auf einer großen Wiese. Er hat den ganzen Winter geschlafen. In der letzen Nacht träumte Leo vom Frühling. In diesem Traum suchte er auf der Wiese nach Frühlingsschätzen. Dann wurde Leo von der Sonne geweckt. Sofort ging er auf seine Wiese und suchte den Frühling. Mit nackten Füßen lief er durch das weiche Frühlingsgras. Dabei gab es für Leo wunderschöne Dinge zu entdecken. Er roch an den ersten Blumen, knabberte vom frischen grünen Gras, schaute den Vögeln beim Nestbau zu und legte sich ganz lange in das weiche Gras, während ihn die Frühlingssonne wärmte. Nach einer Weile stand Leo wieder auf und sammelte viele bunte Frühlingsschätze. Die will er euch nun zeigen.

Die Erzieherin holt den Korb mit den Frühlingsschätzen. Alle Kinder dürfen die Schätze betrachten, sie befühlen, an ihnen riechen und vieles mehr. Nun lädt die Erzieherin alle Kinder ein, mit ihr barfuß nach Schätzen zu suchen. Ausgestattet mit Eimern, Schaufeln,

Gläsern und Tüten gehen sie auf die Wiese. Dort sucht jedes Kind mit allen Sinnen nach Frühlingsschätzen und sammelt alles, was es auf der Wiese finden kann. Danach breiten alle Kinder die Wiesentischdecke aus und schütten ihre Schätze darauf aus. Alles wird nun betrachtet, befühlt, beschnüffelt, zugeordnet und zusammengelegt. Zum Schluss sucht sich jedes Kind einen Platz und lauscht für einige Zeit still in den Frühling.
Für ältere Kinder: Die gefundenen Schätze werden mit Namen benannt.

Die Wiesenbewohner

Alter: ab 2 Jahre
Ort: Wiese
Mitspieler: 6–8 Kinder
Material: 1 große Decke, 1 Triangel
Spielanleitung: Die Erzieherin sucht mit den Kindern einen schönen Platz auf der Wiese und breitet dort die Decke aus. Alle Kinder setzen sich barfuß darauf. Die Erzieherin bittet die Kinder, ihre Augen für einige Momente zu schließen. Riechen sie das Gras und die Blumen? Hören sie die Geräusche auf der Wiese? Nach kurzer Zeit schlägt die Erzieherin den Triangel. Die Kinder öffnen ihre Augen und erzählen nacheinander, was sie gehört und gerochen haben. Nun erzählt die Erzieherin, dass hier auf der Wiese viele klitzekleine Tiere leben. Die Kinder bewegen sich entsprechend dem Text.

Hier auf der Wiese wohnen schon seit vielen Jahren viele klitzekleine Tiere. Einige wohnen unter der Erde, einige zwischen den Grashalmen und wieder andere unter großen Blättern. Die Wiesenbewohner kennen sich gut. Jeden Morgen ***fliegen*** *oder* ***krabbeln*** *sie über die Wiese, um ihr Frühstück zu suchen. Überall gibt es etwas zu* ***knabbern****. Die Gräser und die Blumenblätter sind im Frühling richtig saftig und schmecken besonders gut. Wenn die Wiesenbewohner satt sind,* ***fliegen*** *oder* ***krabbeln*** *sie auf ein großes Blatt. Hier erzählen sie sich ganz leise wunderschöne Frühlingsgeschichten. Danach* ***recken*** *sie sich der warmen Sonne entgegen. Das tut ihnen gut, denn im Winter war es oft sehr kalt. Sie* ***putzen ihre Haut*** *und* ***ihre kleinen Flügel****. Dann* ***fliegen*** *oder* ***krabbeln*** *sie bis zum Abend auf ihrer Wiese umher. Erst wenn es dunkel wird,* ***fliegt*** *oder* ***krabbelt*** *jedes Tier in seine Wohnung und* ***schläft*** *dort bis zum nächsten Morgen.*

Am Schluss sucht sich jedes Kind einen Platz auf der Wiese. Dort macht es sich ganz klein und ruht sich aus. Wenn die Erzieherin den Triangel schlägt, werden alle wieder Menschenkinder, kommen auf die Decke zurück und setzen sich. Wer möchte, darf von seinen Erlebnissen erzählen. Zum Abschluss suchen die Kinder nach den Wiesenbewohnern. Haben sie einen gefunden, bringen sie ihn vorsichtig auf die Decke, betrachten ihn gemeinsam und tragen ihn dann zum Fundort zurück.
Für ältere Kinder: Die Tiere in der Geschichte werden benannt und Tiergruppen zugeordnet. Dann werden die Kinder in Tiergruppen aufgeteilt. Die Erzieherin erzählt die Geschichte nochmals und die Kinder spielen mit verteilten Rollen die genannten Wiesentiere.

Unser Baum auf der Wiese

Alter: ab 2,5 Jahre
Ort: Wiese
Mitspieler: beliebig
Material: Viele bunte Stoffbänder, 1 Triangel
Spielanleitung: Auf einer Wiese suchen die Kinder einen schönen Baum. Den wollen sie genau kennen lernen. Sie befühlen seinen Stamm, ertasten seine Äste und Zweige, Knospen und Blätter. Danach stellen sich alle im Kreis um den Baum. Mit einem Triangel verwandelt die Erzieherin die Kinder in Bäume. Sofort bleiben alle wie angewurzelt stehen. Sie heben ihre Arme wie Äste in die Höhe, spreizen ihre Finger wie Zweige. Dann bewegen sie Arme und Finger leicht hin und her. Anschließend setzen sich die Kinder unter den Baum und die Erzieherin erzählt eine kleine Geschichte. Ein kleines Rollenspiel entwickelt sich entsprechend dem Text:

Auf einer Wiese stehen viele Bäume, aber einer ist besonders schön. Er hat einen kräftigen Baumstamm und viele Äste und Zweige, an denen kleine frische Frühlingsblätter wachsen. Der Baum freut sich über sein Blätterkleid und ruft den Wind. Der kommt sofort und pustet. Vor Freude tanzen seine Blätter hin und her. Nun ruft der Baum die Sonne. Auch sie kommt und wärmt den Baum. Vor Freude bewegt er seine Äste und Zweige in der Sonne hin und her. Es wird Abend und der Baum wird müde. Die kleinen Blätter schließen sich und der Baum schläft ein. Im Traum hört er den Wind, der leise ein Lied singt. Erst als die warme Sonne ihn am nächsten Morgen berührt, erwacht der Baum.

Nun schmücken die Kinder den großen Baum mit vielen bunten Stoffbändern, damit sie ihn fortan stets wiedererkennen. So oft es geht, besuchen die Kinder ihren Baum und beobachten, wie er sich mit den Jahreszeiten verändert.
Hinweis: Vielleicht haben Sie die Möglichkeit, einen kleinen Obstbaum zu pflanzen, damit die Kinder jederzeit die jahreszeitlichen Veränderungen miterleben können.

Entdecken, beobachten, zuordnen

Ähnlichkeiten suchen

Alter: ab 2,5 Jahre
Ort: Wiese
Mitspieler: 6–8 Kinder
Material: viele einfarbige Handtücher, 1 große Decke, für jedes Kind 1 Sammeleimer
Spielanleitung: Die Erzieherin lädt die Kinder ein, mit ihren Eimern auf der Wiese alles zu sammeln, was ihnen gefällt. Die Erzieherin sammelt mit und legt auf jedes Handtuch ein Fundstück. Die Kinder legen die gleichen Gegenstände, die sie im Eimer haben, auf die entsprechenden Handtücher. Haben sie etwas gesammelt, das nirgendwo ausliegt, holen sie ein neues Handtuch, breiten es aus und legen ihren Schatz darauf. Erst wenn alle Eimer leer sind, werden die Dinge auf den Handtüchern betrachtet und Ähnlichkeiten festgestellt.
Für ältere Kinder: Die Kinder betrachten die Gegenstände auf den Handtüchern. Dann schließen sie die Augen und die Erzieherin legt ein oder zwei falsche Gegenstände dazu. Diese sollen die Kinder erkennen und wegnehmen.

Wiesenrätsel

Alter: ab 2,5 Jahre
Ort: Wiese
Mitspieler: 6–8 Kinder
Material: 1 große Decke, 1 Korb, 1 Grashalm, 1 Stein, 1 Ast, für jedes Kind 1 Blatt
Spielanleitung: Die Kinder sitzen mit nackten Füßen auf der Decke. Die Erzieherin stellt einen Korb mit Gräsern, Steinen und Ästen in die Mitte. Sie lädt die Kinder ein, die Naturmaterialien zu befühlen. Danach bittet sie die Kinder, mit der Hand eine Schale

zu machen und die Augen zu schließen. Nun legt sie jedem Kind ein Blatt in die Hand. Die Kinder erfühlen das Blatt und schließen ihre Hand. Die Erzieherin zählt laut „1, 2, 3". Alle Kinder öffnen ihre Augen und rufen laut, was sie gefühlt haben. Danach öffnen sie ihre Hände und schauen nach, ob sie richtig geraten haben. Das Spiel wird mehrmals mit den anderen Naturmaterialien wiederholt. Danach spricht die Erzieherin einen kleinen Rätselreim. Die Kinder hören zu, laufen dann auf die Wiese, suchen das zu erratende Ding und bringen es auf die Decke. Danach spricht die Erzieherin den nächsten Reim. Zum Schluss darf sich jedes Kind einen Wiesenschatz aussuchen und zur Erinnerung nach Hause mitnehmen.

Es ist grün und auch ganz glatt.
Lauf und such mir schnell ein … (Blatt).

Es ist klein und vielleicht nass.
Lauf und such mir schnell das … (Gras).

Es ist hart und auch ganz klein.
Lauf und such mir schnell den … (Stein).

Es ist dünn und lang und braun.
Es ist ein Stück von einem Baum. (Ast)

Es ist blüht und duftet, ist ganz klein.
Sag mir, was kann das wohl sein? (Blume)

Es ist braun, mal hart, mal weich.
Wie es heißt, das sag mir gleich. (Erde)

Wiesenkonzert

Alter: ab 2,5 Jahre
Ort: Wiese
Mitspieler: 6–8 Kinder
Material: 1 Triangel
Spielanleitung: Die Kinder suchen sich auf der Wiese einen Platz und lauschen dem Gezwitscher der Vögel. Gibt die Erzieherin mit dem Triangel ein Signal, gehen sie

leise über die Wiese, suchen Vögel und beobachten sie. Nun verwandelt die Erzieherin die Kinder in kleine Vögel, die zwitschern und über die Wiese fliegen. Hören sie den Triangel, gehen sie in die Hocke und ruhen sich aus. Nach einiger Zeit setzen sich alle Vögel auf eine Bank, einen Baumstamm oder auf die Sandkastenumrandung und zwitschern gemeinsam ein Lied. Die Erzieherin ist die Vogelmutter und dirigiert mit einem Ast. Nimmt sie den Stab herunter, sind alle Vögel ganz still. Hebt sie ihn in die Luft, zwitschern sie wieder los.

Wiesengeflüster

Alter: ab 2,5 Jahre
Ort: Wiese
Mitspieler: 6–8 Kinder
Material: entfällt
Spielanleitung: Die Kinder legen sich ganz flach auf den Rasen. Sie pressen ein Ohr ins Gras, um die Wiesentiere sprechen zu hören. Beim Lauschen dürfen sie ihren Platz wechseln. Nach diesem Lauschgang erzählen die Kinder, was sie gehört haben und führen dabei ein leises Wiesengeräusch vor. Jedes Kind darf seiner Fantasie freien Lauf lassen. Wichtig ist nur, dass die Geräusche leise sind.

Vogelschau

Alter: ab 2,5 Jahre
Ort: Wiese
Mitspieler: 6–8 Kinder
Material: 1 Triangel, 1 große Decke
Spielanleitung: Jedes Kind sucht sich auf der Wiese einen schönen Platz, wo es in aller Stille die Geräusche wahrnehmen kann. Schlägt die Erzieherin den Triangel, kommen alle Kinder auf den Wiesenteppich (große Decke) und erzählen, welche Geräusche sie gehört haben. Danach geht jedes Kind allein über die Wiese, hält nach einem Vogel Ausschau und beobachtet diesen ganz genau. Nach einiger Zeit schlägt die Erzieherin den Triangel und alle Kinder treffen sich auf dem Wiesenteppich. Wer möchte, macht nun die Bewegungen seines beobachteten Vogels vor. Alle Kinder machen diese Bewegungen nach. Zum Schluss fliegen alle Kinder wie Vögel über die Wiese. Hören sie den Triangel, kommen sie auf den Wiesenteppich zurück.

Vogelnester niemals berühren!

Die Erzieherin erklärt den Kindern, dass sie ein Nest niemals berühren dürfen, da die Vogelmutter sonst nicht wieder dorthin zurückkehrt. Die Kinder dürfen nur mit den Augen nach Nestern suchen und müssen dabei ganz leise sein.

Wer will fleißige Vögel sehn?

Alter: ab 2,5 Jahre
Ort: Wiese
Mitspieler: 6–8 Kinder
Material: 1 Triangel, 1 große Decke, Naturmaterialien wie Blätter, Äste, Gras und vieles mehr, 1 selbst gebautes Vogelnest, Zeitungspapier
Vorbereitung: Die Erzieherin wickelt das Nest in Zeitungspapier ein.
Spielanleitung: Gemeinsam mit den Kindern geht die Erzieherin auf die Wiese, wo sie einen schönen Platz suchen und sich auf die Decke setzen. Das geheimnisvolle Zeitungspäckchen legt sie in die Mitte. Erraten die Kinder, was darin versteckt ist? Nach einer Raterunde packt die Erzieherin vorsichtig das Päckchen aus. Die Kinder betrachten das Vogelnest und beginnen ein Gespräch. Nach einiger Zeit gehen die Kinder gemeinsam mit der Erzieherin leise über die Wiese, suchen in Hecken oder in Sträuchern ein Nest und beobachten es ganz still. Danach kehren sie auf den Wiesenteppich zurück. Die Erzieherin erzählt den Kindern nun, dass alle zusammen gleich ein großes Vogelnest bauen wollen. Dafür brauchen sie viele Äste, Blätter und Zweige. Die Kinder gehen los und suchen nach den Naturmaterialien. Ist das große Vogelnest fertig gebaut, legen sie sich alle hinein und lauschen still dem Gesang der Vögel. Mit dem Triangel holt die Erzieherin die Kinder aus der Entspannung zurück.

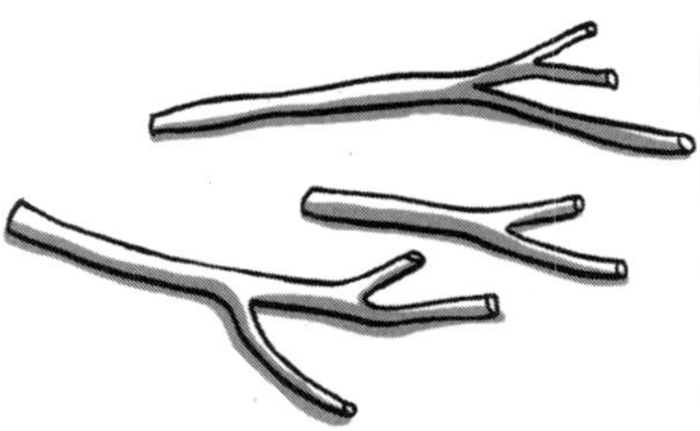

Wiesenhaus

Alter: ab 2,5 Jahre
Ort: Wiese
Mitspieler: 6–8 Kinder
Material: 1 Tüte Sand, 1 große Decke, 1 Tuch, 1 Korb, 1 Blume, 1 Zweig, 1 Grashalm, etwas Erde, 1 Stück Baumrinde und 1 Stein, für jedes Kind 1 Sandeimer
Vorbereitung: Die Erzieherin sammelt auf der Wiese verschiedene Naturmaterialien, legt diese in einen Korb und deckt ihn mit einem Tuch zu.
Spielanleitung: Die Kinder suchen sich einen schönen Platz auf der Wiese, breiten die Decke aus und setzen sich. Die Erzieherin zeigt den Korb. Nun geht sie mit den Kindern über die Wiese und streut mit Sand Quadrate ins Gras. Dabei erklärt sie, dass jedes Quadrat ein Zimmer im Wiesenhaus darstellt und legt in jedes Wiesenzimmer ein Naturmaterial aus ihrem Korb. Nun machen sich die Kinder mit ihren Eimern auf die Suche nach weiteren Wiesenschätzen und legen diese in die richtigen Zimmer. Nach dieser Aufgabe gehen sie durch das Wiesenhaus und betrachten die schönen Schätze.
Für ältere Kinder: Die Kinder benennen die Naturmaterialien in den Zimmern und besprechen diese.

Wiesenkimmspiel

Alter: ab 2,5 Jahre
Ort: Wiese
Mitspieler: 6–8 Kinder
Material: 1 Triangel, für jedes Kind 1 Eimer und 1 Matte (Teppichfliesen), pro Matte 3 kleine Steine
Spielanleitung: Die Kinder gehen mit ihren Eimern über die Wiese und sammeln Wiesenschätze. Dann kniet sich jedes Kind vor eine Matte. Auf jede Matte legt die Erzieherin drei kleine Steine. Davor legt jedes Kind einen seiner Schätze. Alle Kinder gehen von Matte zu Matte und betrachten die verschiedenen Naturmaterialien. Anschließend stellen sich alle vor eine Matte, prägen sich die ausgelegten Dinge ganz genau ein und schließen ihre Augen. Die Erzieherin entfernt eines der Naturmaterialien und gibt mit dem Triangel ein Signal. Alle Kinder öffnen ihre Augen und versuchen gemeinsam zu erraten, was sich verändert hat. So gehen sie von Matte zu Matte und wiederholen das Spiel.
Für ältere Kinder: Es werden mehrere Schätze gelegt und mehr Fehler eingebaut.

Wiesenkaufladen

Alter: ab 2,5 Jahre
Ort: Wiese
Mitspieler: 6–8 Kinder
Material: 1 Triangel, für jedes Kind 1 Matte und 1 Eimer
Spielanleitung: Eine Hälfte der Kinder spielt die Verkäufer, die auf ihren Matten einen Wiesenkaufladen eröffnen und Wiesenschätze verkaufen. Zunächst müssen sie diese allerdings sammeln. Ist der Wiesenkaufladen fertig, hockt sich jeder Verkäufer hinter seine Matte und wartet auf Kundschaft. Die anderen Kinder gehen in der Zwischenzeit ebenfalls mit ihren Eimern über die Wiese. Sie aber sammeln kleine Steine, die sie zum Bezahlen im Wiesenkaufladen brauchen. Nun kann das Spiel beginnen. Sind alle Einkäufe beendet, gehen die Kinder zu ihren Matten und legen dort ihre gekauften Schätze aus. Schlägt die Erzieherin den Triangel wird getauscht. Nun hocken sich die Kinder, die bisher eingekauft haben, hinter ihre Matte, während die bisherigen Verkäufer ihre Steine in die Eimer füllen und jetzt selbst einkaufen gehen.
Für ältere Kinder: Die Kinder bauen aus großen Kartons oder anderen Hilfsmitteln einen Kaufladen und füllen diesen mit Naturmaterialien. Dort warten zwei Verkäufer auf Kundschaft, um ihre Waren zu verkaufen, zu messen, zu wiegen, zu verpacken und Geld zu wechseln.

Mit Farbe und Papier die Wiese erleben

Bunte Klappdrucke

Alter: ab 2 Jahre
Ort: beliebig
Mitspieler: Kleingruppe
Material: Biomalfarben, Tesakrepp, Papier
Spielanleitung: Jedes Kind erhält ein Blatt Papier, das es in der Mitte faltet und dann wieder auseinander klappt. Auf eine Papierhälfte klecksen die Kinder bunte Farbtupfer. Dann klappen sie das Papier wieder zusammen und streichen es glatt. Dabei vermischen sich die Farben und entsteht ein spiegelgleiches Bild. Was dieses Bild darstellt, bleibt der Fantasie der Kinder überlassen.

Mein Lieblingsbaum

Alter: ab 2 Jahre
Ort: beliebig
Mitspieler: Kleingruppe
Material: Wasserfarben, Papier, für jedes Kind 1 Malkittel
Spielanleitung: Die Hände werden mit brauner Wasserfarbe eingestrichen und abgedruckt. Schon ist ein Baum entstanden. Nun werden die Fingerkuppen grün eingepinselt und zahllose Blätter gedruckt. Ein Daumendruck mit roter Farbe lässt einen Käfer entstehen.

Galerie Klecks

Alter: ab 2,5 Jahre
Ort: Spielplatz
Mitspieler: Kleingruppe
Material: viele alte Plastikschüsseln, Biomalfarben, Tesakrepp, Tonpapier in verschiedenen Farben, für jedes Kind 1 Malkittel
Spielanleitung: Die Kinder sammeln auf dem Spielplatz Gräser, Moos, Äste mit und ohne Blätter, Zweige, große und kleine Blätter, Baumrinde, Steine und Hölzer. Aus den Stöcken und Gräsern bindet die Erzieherin mit Tesakrepp verschieden dicke Pinsel. Die Biomalfarbe wird in kleine Plastikschüsseln geschüttet – nicht in Becher, da sie zu schnell umfallen. Nun können die Kinder mit ihren Pinseln malen, mit dem Moos und den Blättern drucken und mit den anderen Materialien Spuren ziehen.
Hinweis: Die Biofarbe kann mit Wasser verdünnt werden.

Großflächiges Malen mit Wasserfarbe

Gerade die Kleinen benötigen großflächige Malwände, um sich mit Wasser- oder Fingerfarbe auseinander zu setzen. Hierfür werden lange Tapetenbahnen aneinander geklebt und in Höhe der Kinder an der Wand befestigt. Nun können die Kleinen mit Händen, Rasierpinseln, Schwämmen, Kämmen, Korken, Bürsten und anderen Materialien malen.

Gemeinsam wühlen und suchen

Alter: ab 2 Jahre
Ort: Wiese
Mitspieler: 6–8 Kinder
Material: frisch gemähtes Gras, für jedes Kind 1 Tennisball
Spielanleitung: Die Kinder bauen gemeinsam einen Grasberg, in den die Erzieherin immer wieder Tennisbälle wirft. Ist der Berg hoch genug, dürfen die Kinder nacheinander im Gras wühlen und einen Tennisball suchen.
Für ältere Kinder: Alle Kinder wühlen gemeinsam und suchen Bälle, die so grün sind wie das Gras.

Immer an der Schnur lang

Alter: ab 2 Jahre
Ort: große Sandfläche
Mitspieler: Kleingruppe
Material: mehrere Besenstiele, 1 Hammer, 1 lange Schnur, 1 Korb mit Blättern, Gräsern, Steinen und anderen Wiesenschätzen
Vorbereitung: Die Besenstiele werden in den Sand geschlagen und die Schnüre so daran befestigt, dass eine Schnurstraße entsteht.
Spielanleitung: Die Kinder suchen Wiesenschätze und legen sie in den Korb. Dann wird der Korb an den Zielpunkt der Schnurstraße gestellt. Mit nackten Füßen und geschlossenen Augen halten die Kinder sich an der Schnur fest und gehen die Schnurstraße entlang. Am Ziel nehmen sie sich einen Wiesenschatz aus einem Korb und gehen den Weg zurück.
Für ältere Kinder: Sie gehen die Schnurstraße rückwärts.

Die grasgrüne Krabbelstrecke

Alter: ab 2 Jahre
Ort: Wiese
Mitspieler: 6–8 Kinder
Material: frisch gemähtes Gras, eventuell Schubkarren
Spielanleitung: Die Kinder sammeln frisch gemähtes Gras und bauen eine Krabbelstraße. Danach spricht die Erzieherin den Schneckenvers und verwandelt alle Kinder in Schnecken. Nun kriechen sie neben- oder hintereinander über die grasgrüne Krabbelstraße, machen sich am Ende ganz klein und schlafen ein. Dann wiederholt die Erzieherin den Vers und alle verwandeln sich wieder in Menschenkinder.

Eine klitzekleine Schnecke
kriecht auf ihrer grünen Strecke
heute langsam geradeaus,
und ist sie erschöpft zu Haus,
macht sie sich winzig klein
und schläft ganz zufrieden ein.

Für ältere Kinder: Es wird ein Schneckenrennen veranstaltet. Jeweils zwei Kinder krabbeln nebeneinander über die Grasstraße. Wer ist zuerst am Ziel?

Ri-ra-rolle schnell

Alter: ab 2,5 Jahre
Ort: Wiese
Mitspieler: 6–8 Kinder
Material: frisch gemähtes Gras, viele Wasserbälle
Spielanleitung: Die Kinder bauen eine Krabbelstraße aus Gras. Die Erzieherin holt einen Wasserball, rollt ihn über die Grasstraße und spricht dabei folgenden Vers:

Ri-ra-rolle schnell
übers Gras jetzt auf der Stell.
Rolle, rolle hin und her,
rollen, ja das ist nicht schwer.

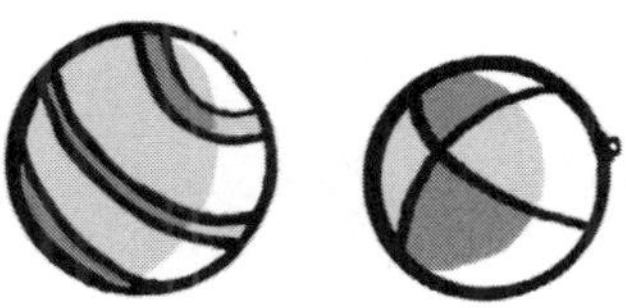

Nun gibt die Erzieherin jedem Kind einen Ball. Nacheinander rollen alle Kinder ihren Ball über die Grasstraße, während die Erzieherin den Vers wiederholt. Danach setzen sich die Kinder zu zweit gegenüber und rollen sich einen Ball gegenseitig zu. Die Erzieherin wiederholt den Vers und erfindet dazu eine Singsangmelodie. Anschließend werden die Partner getauscht. Zum Schluss rollt die Erzieherin die Kinder, die es wollen, über die Grasstraße.
Für ältere Kinder: Sie rollen verschiedene Bälle und sich selbst über die Grasstraße.

Grüne Bälle selbst gemacht

Material pro Ball: 2 grüne Luftballons, 1 Tennisball
Herstellung: Von einem grünen Luftballon wird das schmale Stück abgeschnitten und der restliche Ballon über einen Tennisball gezogen. Da der Ballon den Tennisball nicht ganz umschließt, wird ein zweiter grüner Luftballon über den Tennisball gezogen.

Viele Krabbelkinder

Alter: ab 2 Jahre
Ort: Wiese
Mitspieler: Kleingruppe
Spielanleitung: Die Erzieherin singt das folgende Lied zur Melodie „Alle meine Entchen", während alle Kinder durch das Gras krabbeln. Am Ende der Strophe müssen sie eine bestimmte Aufgabe lösen. Danach singen die Erzieherin die zweite Strophe und die Kinder erhalten eine neue Aufgabe.

Viele Krabbelkinder krabbeln durch das Gras,
krabbeln durch das Gras,
krabbeln eine Strecke,
ja das macht viel Spaß.

Aufgaben: Sucht krabbelnd einen Stein, einen Stock, ein Blatt, eine Blume.
Variation: Das Lied kann je nach Bewegungsart für Hüpfekinder, Kriechekinder oder Fliegekinder verändert werden.
Für ältere Kinder: Die Spielanleitung wird erschwert. Beispielsweise sollen die Kinder eine gelbe Blume und einen flachen Stein suchen.

Tierisch schöne Spiele auf der Wiese

Kleinkinder schlüpfen gerne in andere Rollen. Nach gezielten Beobachtungsaufgaben imitieren, improvisieren und experimentieren sie voller Freude mit anderen Rollen und verwandeln sich gerne in einen Vogel oder Schmetterling.

Grashüpfer

Alter: ab 2 Jahre
Ort: Wiese
Mitspieler: 6–8 Kinder
Material: 1 Triangel
Spielanleitung: Die Erzieherin schlägt den Triangel und verwandelt die Kleinen in Grashüpfer, die mit nackten Füßen ihre ersten Erfahrungen auf der Wiese machen. Barfuß hüpfend, springend, krabbelnd oder laufend erspüren sie das Gras. Erst wenn der Triangel erneut zu hören ist, werden sie wieder Menschenkinder und das Spiel ist beendet.
Für ältere Kinder: Die Gangart wird festgelegt und alle laufen, krabbeln oder gehen vorwärts und rückwärts.

Das Vogelkonzert

Alter: ab 2,5 Jahre
Ort: beliebig
Mitspieler: beliebig
Material: entfällt
Spielanleitung: Die Erzieherin erzählt die folgende Geschichte. Sobald sie „Vögel" sagt, piepsen alle Kinder.

In einem großen Baum haben viele ***Vögel*** *ihre Wohnung. Abends kommen die* ***Vögel*** *von überall her angeflogen, um hier zu schlafen. Wenn die* ***Vögel*** *einen schönen Platz im Baum gefunden haben, beginnen sie sich viel zu erzählen. Das Zwitschern und Tirilieren der* ***Vögel*** *ist weit zu hören. Erst wenn es ganz dunkel ist, sind die* ***Vögel*** *still. Dann ist in dem dicken Baum nichts mehr zu hören. Doch sobald der Tag erwacht und es draußen hell wird, beginnt das Konzert der* ***Vögel*** *erneut. Nacheinander begin-*

*nen alle **Vögel** wieder zu zwitschern und zu tirilieren. Sind alle **Vögel** in dem großen Baum wach, fliegen sie fort. Den ganzen Tag über sind die **Vögel** nicht mehr zu sehen. Erst wenn es dunkel wird, kehren die **Vögel** in ihren Baum zurück, zwitschern und tirilieren und sind dann ganz, ganz leise.*

Variation: Die Kinder fliegen piepsend durch den Raum.
Für ältere Kinder: Die Geschichte wird als Rollenspiel entwickelt und mit Orff-Instrumenten begleitet.

Laut und leise geht's daher!

Alter: ab 2,5 Jahre
Ort: Gymnastikraum, Wiese
Mitspieler: 6–8 Kinder
Material: Tesakrepp, 1 Tamburin
Vorbereitung: Mit Klebeband werden Raumwege erstellt.
Spielanleitung: Gemeinsam überlegen die Kinder, welche Wiesentiere leise und welche laut sind, welche sich langsam und welche sich schnell bewegen, welche krabbeln und welche fliegen. Die Erzieherin schlägt leise das Tamburin und die Kinder gehen möglichst leise über die Raumwege. Verstummt das Tamburin, bleiben die Kinder stehen und warten auf die Anweisung der Erzieherin. Spricht sie leise, gehen die Kinder noch vorsichtiger die Raumwege entlang. Spricht sie laut, laufen die Kinder schreiend die Raumwege entlang. Schlägt die Erzieherin erneut das Tamburin, gehen sie mit voller Aufmerksamkeit weiter, bis die Erzieherin das Tamburinspiel abermals unterbricht.

*Laut und leise ist nicht schwer.
Ganz, ganz leise geht's daher.*

*Laut und leise ist nicht schwer.
Ganz, ganz laut geht's daher.*

Für ältere Kinder: Die Erzieherin gibt mit dem Reim eine Richtung oder Bewegungsart vor, z. B. rückwärts, seitwärts, laut klatschend, leise klatschend, laut stampfend oder leise klatschend.

*Laut und leise ist nicht schwer.
Rückwärts geht es nun daher.*

Streichel- und Fingerspielgeschichten

Waren Kleinkinder einige Zeit in Bewegung, haben sie ein starkes Ruhebedürfnis. Da sie Körperkontakt mögen, empfinden sie Streichel- und Berührungsspiele als angenehm. Sie fühlen sich geborgen und vertiefen dabei ihre Kontakte zu anderen Menschen. Nicht nur die hier erwähnten Berührungsspiele eignen sich für Entspannungs- und Erholungsphasen, sondern auch viele weitere Fingerspiele und Geschichten aus diesem Buch.

Die Blumenpflücker

Alter: ab 2,5 Jahre
Ort: Wiese
Mitspieler: 6–8 Kinder
Material: viele alte Kataloge, 1 große grüne Decke, für jedes Kind 1 Sammeltüte
Spielanleitung: Die Erzieherin lädt die Kinder zu einer Fingerspielgeschichte ein und macht die Bewegungen zum Text vor: 1) Eine Hand flach ausbreiten, die andere als Faust darunter legen. 2) Der Zeigefinger der Faust schiebt sich durch den Zeige- und Mittelfinger der flachen Hand nach oben. 3) Die ganze Hand schiebt sich nach oben und der Arm wächst, die Hand ist eine Faust. 4) Langsam die Faust öffnen. 5) Die geöffnete Hand langsam hin und her drehen. 6) Die Hand wieder langsam schließen.

1) *Tief in der Erde ist es still,*
weil dort noch jemand ruhen will.

2) *Doch die Sonne weckt sie –*
ja und dann,
fängt etwas Wunderbares an.

3) *Aus der Erde wächst ein Stiel,*
der ganz langsam wachsen will.
Er wächst und wächst,
wird dick und nun
kann die Blüte etwas ruhn.

4) *Die Sonne scheint. Nun schau dir an,*
wie sich die Knospe öffnen kann.

5) *Ganz stolz dreht sie sich hin und her.*
Der Frühling, der gefällt ihr sehr.

6) *Am Abend legt sie sich zur Ruh,*
macht langsam ihre Blüte zu.

3.

Nach dem Fingerspiel gehen die Kinder barfuß auf die Wiese, sammeln Frühlingsblumen oder Gräser und legen diese auf die Wiesentischdecke. Hier betrachten sie die gesammelten Blumen und Gräser, riechen an ihnen, vergleichen und sortieren sie. Die Erzieherin holt ein paar alte Kataloge, um darin die Blüten und Grashalme zu trocknen. Nach ein paar Tagen legen die Kinder ihre getrockneten Frühlingsblumen und Gräser hinter einen Glasrahmen, damit sie diese jederzeit betrachten können.

Trockenpresse für Blumen und Gräser

Zwischen die einzelnen Seiten eines alten Katalogs legen die Kinder vorsichtig ihre Blüten und Grashalme hinein. Dann wird der Katalog mit schweren Büchern beschwert, sodass die Blüten und Grashalme trocken gepresst werden. Nach einigen Tagen werden die gepressten Pflanzen aus den Büchern genommen und in einen Glasrahmen gelegt.

Eine kleine Schnecke

Alter: ab Geburt
Ort: beliebig, bei schönem Wetter auf der Wiese
Mitspieler: Einzelangebot
Material: entfällt
Spielanleitung: Mit der Hand eine Faust bilden und diese über den Körper oder den Rücken des Kindes ziehen.

Eine kleine Schnecke,
die kriecht geradeaus.
Sie kriecht und kriecht ganz langsam
und trägt ihr kleines Haus.

Sie kriecht und macht 'ne Pause,
ist still und ruht sich aus,
dreht um und kriecht dann langsam
wieder zurück nach Haus.

Ein Tausendfüßler

Alter: ab Geburt
Ort: beliebig
Mitspieler: Einzelangebot
Material: entfällt
Spielanleitung: Mit den Fingern über den Körper oder den Rücken des Kindes laufen.

Ein Tausendfüßler trippelt schnell
und kommt geschwind hier von der Stell.

Er trippelt über Stock und Stein.
Er trippelt heute ganz allein.

Er steht still und läuft geschwind,
dorthin wo seine Freunde sind.

Hüpf, der Frosch

Alter: ab Geburt
Ort: beliebig
Mitspieler: Einzelangebot
Material: entfällt
Spielanleitung: Mit den Handflächen über den Körper oder den Rücken des Kindes laufen.

Hüpf, der Frosch, sitzt auf dem Stein,
quakt und fühlt sich so allein.

Schaut sich um und hüft umher,
denn das Hüpfen mag er sehr.

Nun ist er müde, hüpft nach Haus
und seine Reise, die ist aus.

4.

Erfahrungsfeld Wind und Regen

Das Wetter lädt in jeder Jahreszeit zu abwechslungsreichen Aktivitäten im Freien ein – auch bei Regen, Schnee, Sonne, Hagel oder Wind! Gerade für Kleinkinder bieten sich Freiluftaktionen besonders an. Sie mögen es, im Regen zu spielen oder den Wind auf ihrer Haut zu spüren. Sie wollen ihre Umgebung bei jedem Wetter aktiv erkunden und über die Haut wahrnehmen.

Melodien malen

Zwei kleine Regentropfen

Alter: ab 3 Jahre
Ort: an einem Tisch oder auf dem Boden
Mitspieler: 6–8 Kinder
Material: großes Papier, dicke Malstifte, klassische Musik oder Regenmusik (Popcorn), Abspielgerät
Spielanleitung: Im Hintergrund läuft klassische Musik, zu der jedes Kind mit seinen Zeigefingern unsichtbare Spuren in die Luft malt. Danach erhält jedes Kind ein Blatt und ein oder zwei Buntstifte. Nun malt es zur Musik bunte Spuren auf sein Blatt. Im nächsten Schritt tanzen die Kinder mit ihren Fingern den Regentropfentanz. Danach hören sie das Gedicht von den zwei kleinen Regentropfen und malen ihre Spuren mit ihren Stiften. Für die klopfenden Tropfen malen sie Punkte, für die laufenden Tropfen malen sie Striche.

Zwei kleine Regentropfen.
Hör, wie fröhlich sie heut klopfen.
Sie klopfen gerne auf das Dach,
denn das macht ganz tüchtig Krach.
Du hörst die beiden Tropfen
laut und deutlich klopfen.

Sie laufen auch ganz munter
an dem Dach hinunter.
Sie rutschen kreuz und quer.
Das mögen sie so sehr.
Doch kommt der Wind, dann sind sie fort.
Du siehst noch Spuren hier am Ort.

Zwei kleine Regentropfen.
Hör, wie fröhlich sie heut klopfen.
Sie klopfen gerne an die Fenster,
so wie kleine Klopfgespenster.
Du hörst die beiden Tropfen
laut und deutlich klopfen.

Sie laufen auch ganz munter
an dem Fenster runter.
Sie rutschen kreuz und quer.
Das mögen sie so sehr.
Doch kommt der Wind, dann sind sie fort.
Du siehst noch Spuren hier am Ort.

Der Frühlingswind

Alter: ab 2,5 Jahre
Ort: beliebig
Mitspieler: Kleingruppe
Material: beschwingte, klassische Musik, für jedes Kind 1 dicken Strohhalm, Papier und flüssige Farbe
Spielanleitung: Die Kinder spielen den Wind und pusten zur Musik mit einem dicken Strohhalm große Bewegungen in die Luft. Danach erhalten sie ein großes Blatt und flüssige Fingerfarbe. Mit ihrem dicken Strohhalm und angeregt von klassischer Musik gestalten sie frei nach ihren Vorstellungen ein Windbild. Dann spricht die Erzieherin ein Frühlingsgedicht, während die Kinder zum Text oder frei nach eigenen Ideen Farbspuren auf das Blatt pusten oder mit ihren Fingern Farbspuren hinterlassen. Zum Abschluss tanzen die Kinder einen frei erfundenen Windtanz.
Hinweis: Die Fingerfarbe wird flüssiger, wenn sie mit Wasser vermischt wird.

Der Frühlingswind kommt übers Meer.
Er pustet heute leicht daher.
Er wirbelt langsam rundherum
und pustet dabei alles um.

Der Frühlingswind kommt übers Meer.
Er pustet fest nun hin und her.
Er wirbelt ganz schnell rundherum
und wirbelt dabei alles um.

Der Frühlingswind geht übers Meer.
Er pustet dabei gar nicht mehr.
Die Spuren kann ein jeder sehn,
schau sie dir an, sie sind sehr schön.

Für ältere Kinder: Sie malen mit Pinseln.

Mitmachgeschichten

Der Pustegesell

Alter: ab 2,5 Jahre
Ort: beliebig
Mitspieler: 6–8 Kinder
Material: 1 blaue Decke
Spielanleitung: Die Kinder sitzen gemeinsam mit der Erzieherin auf einer blauen Decke (Wolke). Sie spielen alle Geräusche und Bewegungen pantomimisch mit.

__Hoch oben__ bei Frau Sonne wohnt der __Pustewind__. Seine Wohnung ist hinter einer __dicken Wolke.__ Da Pustewind nur __pusten__ kann und sich sonst kaum bewegt, __setzt__ er sich wie immer auf die große Wolke und __fliegt__ mit ihr davon. Pustewind __pustet__ und __schaut__ dabei hinunter zur Erde. Er sieht Menschen, die __rennen, laufen und hüpfen__. Er beobachtet Autos, die __hupen__ und über die Straßen __sausen__. Er entdeckt Hunde, die __rennen und bellen__. Er beobachtet, wie Kinder __hüpfen und laufen__. Dieser Krach gefällt dem Pustewind nicht und so __pustet__ er ärgerlich auf die Erde hinunter. __Hier oben__ bei der Sonne und den Wolken ist es __ganz still__. Das gefällt dem Pustewind viel besser und so __pustet__ er sanft umher. Pustwind ist müde und __gähnt kräftig__. Er __legt__ sich auf die __dicke Wolke__ und __kuschelt__ sich ein. Sofort __fallen ihm die Augen zu__ und er __schläft__. Hier oben ist es nun __ganz, ganz still__ und Pustewind kann lange __schlafen__.

Für ältere Kinder: Es können Rollen verteilt werden.

Sssst, so saust der Wirbelwind

Alter: ab 2,5 Jahre
Ort: beliebig
Mitspieler: 6–8 Kinder
Spielanleitung: Die Erzieherin spricht die Verse als Sprechgesang, bei dem alle das „Ssst" mitsprechen. Die Kinder stellen Bäume dar. Sie stehen im Raum verteilt. Ein Kind spielt den Wirbelwind, der zum Text herumgeht und die Kinder rüttelt. In der letzten Strophe versuchen alle Bäume den Wirbelwind zu fangen. In der nächsten Runde spielt ein anderes Kind den Wirbelwind.

Sssst, so saust der Wirbelwind.
Sssst, heut durch die Stadt geschwind.
Er rüttelt und schüttelt jeden Baum
und holt ihn so aus seinem Traum.

Sssst, so saust der Wirbelwind.
Sssst, heut durch die Stadt geschwind.
Er rüttelt und schüttelt mal hier und mal dort.
Was er berührt, das fliegt ganz weit fort.

Sssst, so saust der Wirbelwind.
Sssst, heut durch die Stadt geschwind.
Doch wollt ihr ihn fangen,
dann saust er schnell fort
und sucht sich zum Wirbeln 'nen anderen Ort.

Entspannungsspiele für Regentage

Pitsch und patsch

Alter: ab Geburt
Ort: beliebig
Mitspieler: Einzelangebot
Material: entfällt
Spielanleitung: 1) Mit den Fingern über den Rücken des Kindes laufen. 2) Die Finger über den Rücken ziehen. 3) Die Hände auf den Körper des Kindes legen, sodass es die Wärme spüren kann.

1) *Pitsch und patsch, pitsch und patsch*
der Regen macht die Erde nass.

2) *Die Tropfen fließen in den Teich.*

3) *Die warme Sonne holt sie gleich.*

5.

Erfahrungsfeld Sand

Sand ist ein Element, das vom Kleinkindalter bis ins Schulalter – und sogar im Erwachsenalter – immer wieder interessant ist. Matschen und kneten, Sandburgen bauen, sich im Sand einbuddeln sowie viele andere hautnahe Körpererfahrungen machen Sand so erlebnisreich. Die Auseinandersetzung mit Temperaturen und unterschiedlichen Materialeigenschaften hilft gerade dem jüngeren Kind, sich im warmen Sand wohl zu fühlen, Spaß zu haben und Freude zu empfinden. Allerdings empfiehlt sich für erste Erfahrungsspiele die Verwendung von Vogelsand, da sich dieses Material zur Eingewöhnung angenehmer auf der Haut anfühlt und leichter rieselt als der grobkörnigere Spielplatzsand.

Nutzen Sie das Erfahrungsbedürfnis der Kleinen und erleben Sie mit ihnen den Sand hautnah. Mit Sand kann drinnen und draussen gespielt werden. Aufblasbare Planschbecken eigenen sich gut für einen Sandkasten im Haus. Trauen Sie sich! Stellen Sie ein Schwimmbecken auf einen großen Teppich – vermindert die Rutschgefahr – und füllen Sie es mit feinem Sand.

Sandkastenpflege

Sand, der draußen ist, sollte abends mit Folie abgedeckt werden, um ihn vor Verschmutzungen zu schützen. Zum Schutz der Gesundheit sollten Sandkästen einmal im Jahr mit neuem Sand bestückt werden. Sind die Kinder noch nicht sauber, sollten sie im Sand eine Windel tragen.

Sanderfahrungsspiele

Das Füll- und Ausschüttspiel

Alter: ab 1 Jahr
Material: aufblasbare Planschbecken, gesäuberte Verpackungsmaterialien, Dosen, Schüsseln, Sandeimer, Becher
Ort: drinnen und draußen
Spielanleitung: Alle Kinder lieben das freie Füll- und Ausschüttspiel. Sie brauchen lediglich gereinigte Verpackungsmaterialien, Sandeimer, Dosen, Schüsseln oder Becher.

Das Rieselspiel

Alter: ab 1 Jahr
Material: feinkörniger Sand
Ort: drinnen und draußen
Spielanleitung: Feiner sauberer Sand wird auf einzelne Körperteile gerieselt.

Viele Körner rieseln leise,
rieseln sanft, du hörst es kaum,
machen eine Körperreise,
schicken dir manch schönen Traum.

Rieseln über Fuß und Beine,
rieseln über deinen Bauch,
rieseln über deine Arme,
über deine Finger auch.

Viele Körner rieseln leise,
rieseln sanft du hörst es kaum.
Vorbei ist nun die Körperreise.
Vorbei ist auch manch schöner Traum.

Spuren im Sand

Alter: ab 1 Jahr
Material: feinkörniger Sand, warmes Wasser
Ort: drinnen und draußen
Spielanleitung: Die Kinder befeuchten den Sand mit warmem Wasser. Dann hinterlassen sie mit Händen und Füßen Spuren im Sand. Auch mit Spielzeugautos, Stöcken, Kugeln oder Kämmen können sie interessante Spuren ziehen.

Matschen und formen

Material: aufblasbare Planschbecken, gesäuberte Verpackungsmaterialien, Becher, Töpfe, Trichter, Kämme, Harken, Spielzeugautos, Kugeln, Stöcke, warmes Wasser
Spielanleitung: Wird der Sand mit reichlich warmem Wasser vermischt, ergibt dies eine weiche Matschmasse. Mit dieser können die Kinder fantasievolle Spiele erfinden. Besonders viel Freude macht es ihnen, wenn sie nicht nur mit den Händen matschen, sondern auch mit den Füßen. Eine warme Decke aus Sandmatsche kann sehr angenehm für die Haut sein.

5.

Spiele mit Sandbausteinen, Sandbällen und Sandflaschen

Alter: alle Altersstufen
Material: Sandbausteine, Sandbälle, Sandflaschen, aufblasbare Planschbecken, gesäuberte Verpackungsmaterialien (ohne scharfe Kanten), Dosen, Becher, Plastikflaschen, Trichter, Kämme, Harken, Spielzeugautos, Kugeln, Stöcke, warmes Wasser
Ort: drinnen und draußen

Sandbausteine selbst herstellen

Material: trockener Sand, Waschhandschuhe in verschiedenen Farben, Gefrierbeutel, Tesakrepp, Schere, Folienschweißgerät
Herstellung: Die Erzieherin füllt einen Gefrierbeutel mit Sand, verschweißt die Öffnung und näht die verschlossene Sandtüte mit der Nähmaschine in einen Waschhandschuh ein.

Sandbälle selbst herstellen

Material: bunte Luftballons, Trichter, Löffel
Herstellung: Die Erzieherin füllt Luftballons mit Sand und verknotet diese. Diese Bälle werden von den Kleinen gerne zum Spielen benutzt, denn sie können gedrückt, geknetet und gezogen werden. Diese spannenden Spiele und Experimente stärken zugleich die Handmuskulatur der Kinder.

Sandflaschen selbst herstellen

Material: Plastikflaschen in verschiedenen Größen, Trichter, Löffel
Herstellung: Die Kinder füllen die Flaschen mit Sand. Danach werden die Flaschen gut verschlossen und stehen zum Spielen bereit.

Der Sandbausteinturm

Viele bunte Sandbausteine liegen in der Mitte. Nacheinander nehmen sich alle Kinder je einen Stein und bauen gemeinsam einen Turm. Die Steine werden so lange aufeinander gestapelt, bis der Turm umfällt.

Torwandzielen mit Sandbällen

Große Pappwände werden mit Wurflöchern versehen und in einen Baum gehängt. Die Kinder sollen nun versuchen, die Sandbälle durch die Löcher zu werfen.

Korbsandball

Alte Regenschirme hängen in einen Baum. Nacheinander versuchen die Kinder, ihre Sandbälle in die offenen Schirme zu werfen.

Sandflaschenzielwerfen

Die Kinder stellen mehrere Sandflaschen auf eine Bank und versuchen, diese mit Sandbausteinen oder Sandkugeln umzuwerfen.

Der Sandflaschentransport

Die Kinder stellen sich an der Startlinie auf und erhalten je eine Sandflasche. Diese müssen sie am Zielpunkt in eine Getränkekiste einsortieren.

Spannende Experimente mit Sand

Aus hoch mach platt

Alter: ab 2 Jahre
Ort: Sandkasten
Mitspieler: Kleingruppe
Material: Wasser, Sand, für jedes Kind 1 Schaufel und 1 Gießkanne
Spielanleitung: Die Kinder bauen gemeinsam einen Sandberg, holen Wasser und gießen dieses von oben auf die Bergspitze. Dabei beobachten sie, wie ihr Berg langsam zerrieselt und allmählich immer flacher wird.

Der Pfützenmarsch

Alter: ab 2 Jahre
Ort: Sandkasten
Mitspieler: Kleingruppe
Material: Wasser, für jedes Kind 1 Schaufel und 1 Eimer
Spielanleitung: Die Kinder zeichnen einen Kreis in den Sand und graben auf dieser Linie viele Löcher. Wichtig ist, dass die Löcher jeweils nur einen kleinen oder großen Schritt voneinander entfernt sind. Die Löcher füllen die Kinder mit Wasser. Nun können sie barfuß von Pfütze zu Pfütze gehen, bis das Wasser versickert ist. Dann holen sie neues Wasser und der Spaß beginnt von vorne.

Die Sandturmstadt

Alter: ab 2 Jahre
Ort: Spielplatz
Mitspieler: Kleingruppe
Material: viele Eimer, Dosen oder Becher, Sand, Wasser, 1 große Wanne, für jedes Kind 1 Schaufel
Spielanleitung: Die Kinder holen Sand und rühren in der Wanne einen Sandteig an. Damit füllen sie die verschiedenen Gefäße und drücken den Sand fest. Gemeinsam suchen sie einen festen Untergrund auf der Wiese, z. B. die Sandkastenumrandung,

eine Bank, einen Tisch oder den Asphalt. Dort stürzen sie ihre gefüllten Eimer um und schon haben sie eine Sandturmstadt. Ihre Türme schmücken sie mit Ästen, Zweigen, Blättern oder trockenem Rieselsand.

Sandbilder frei pusten

Alter: ab 2 Jahre
Ort: beliebig
Mitspieler: Kleingruppe
Material: Pusterahmen, Sand, für jedes Kind 1 Strohhalm
Spielanleitung: Auf dem Boden liegen mehrere Bildkarten. Allerdings sind die Bilder nicht zu erkennen, da sie mit Sand bedeckt sind. Nacheinander pusten die Kinder den Sand weg, sodass die Bilder immer besser zu erkennen sind und zum Gespräch anregen.

Bildkarten selbst herstellen

Auf gleich große Pappkärtchen werden Bilder von Tieren, Spielsachen und Alltagsgegenständen geklebt.

Pustememory

Alter: ab 2,5 Jahre
Ort: beliebig
Mitspieler: Kleingruppe
Material: 3 x 2 gleiche Bildkarten, Sand, für jedes Kind 1 Strohhalm
Spielanleitung: Die Kinder pusten die Bilder frei und suchen die zusammengehörigen Bilder.
Für ältere Kinder: Die Anzahl der Bildkarten wird erhöht.

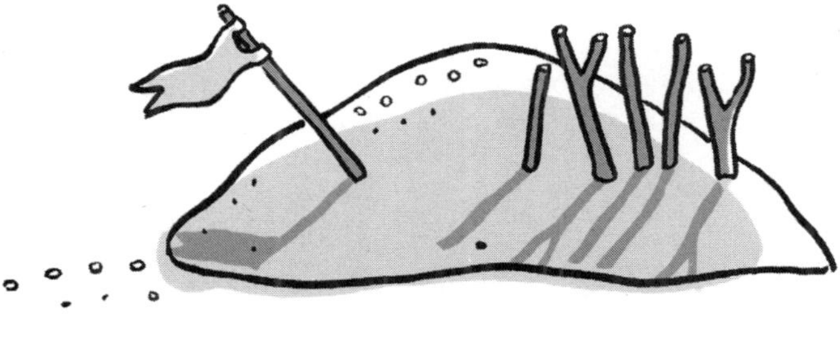

6.

Erfahrungsfeld Steine

Sobald die Kleinen laufen können, ist das Spiel mit Steinen sehr beliebt. Sie befühlen die Steine mit ihren Händen, aber auch mit ihrem Mund. Besonders gerne spielen Kleinkinder das Aufheben und Wegwerfen. Etwas später folgt das Sammeln von Steinen. Die spielerischen Erfahrungen mit Steinen sind sehr vielseitig und sprechen verschiedene Sinneskanäle an.

Entdecken und Forschen mit Steinen

Steine waschen

Alter: ab 2 Jahre
Ort: Wiese
Mitspieler: 4–6 Kinder
Material: 1 großes Tuch, warmes Wasser, für jedes Kind 1 Schüssel und 1 Bürste
Spielanleitung: Die Kinder sammeln Steine und säubern sie mit ihren Bürsten. Die sauberen Steine legen sie zum Trocknen auf ein großes Tuch.

Steinforscher

Alter: 2 Jahre
Ort: beliebig
Mitspieler: Kleingruppe
Material: viele verschiedene Steine, 1 Waage mit zwei Waagschalen, verschiedene Trichter, Schlauchstücke, Schaufeln, Dosen mit Deckel, Zeitungspapier, Kartons, Schachteln
Spielanleitung: Die Kinder dürfen die Steine nach Herzenslust wiegen, in Dosen füllen, durch Schläuche rollen lassen, einpacken, sortieren und gegeneinander schlagen.

Alte und neue Kinderspiele mit Steinen

Steinweitwurf

Alter: 2 Jahre
Ort: große Sandfläche
Mitspieler: Kleingruppe
Material: viele Steine, für jedes Kind 1 Schaufel
Spielanleitung: Die Kinder graben ein großes Loch in den Sand. Die Erzieherin schüttet einen Steinberg auf. Von der Startlinie aus werfen die Kinder ihre Steine in das Loch.
Für ältere Kinder: Die Steine liegen verteilt auf der Sandfläche und müssen von dort in das Loch geworfen werden.

Steingrapschen

Alter: 2 Jahre
Ort: große Sandfläche
Mitspieler: Kleingruppe
Material: viele Steine, 1 Tennisball
Spielanleitung: Die Kinder sitzen im Kreis. In der Mitte liegt für jedes Kind ein Stein. Die Erzieherin hält einen Tennisball in der Hand. Lässt sie ihn fallen, greifen alle schnell nach ihrem Stein und legen ihn wieder in den Sand.
Für ältere Kinder: In der Mitte liegt nur ein Stein, nach dem alle Kinder gleichzeitig greifen. Wer ihn zuerst hat, darf den Stein behalten.

Die Steinmusikanten

Alter: ab 2 Jahre
Ort: beliebig
Mitspieler: Kleingruppe
Material: viele handliche Steine
Spielanleitung: Die Kinder machen mit den Steinen Musik. Sie schlagen und reiben sie aneinander, klopfen damit auf den Boden, auf Stühle oder an Wände. Begleitet von ihren Steininstrumenten, singen sie ihre Lieblingslieder.

Steinschlange legen

Alter: 2 Jahre
Ort: große Sandfläche
Mitspieler: Kleingruppe
Material: Steine, 4 Besenstiele, 1 lange Schnur, für jedes Kind 1 Eimer
Vorbereitung: Mit den Besenstielen und der Schnur wird ein Spielfeld abgesteckt. Darauf legt die Erzieherin eine Steinschlange aus und bedeckt diese mit Sand.
Spielanleitung: Die Kinder sitzen im Sand, während die Erzieherin folgenden Ratevers erzählt:

Zisch, zisch, zisch! Hörst du sie rufen?
Komm, wir wollen es versuchen,
sie zu finden hier im Sand.
Buddeln kannst du mit der Hand.

Die Kinder erraten das Tier und suchen auf dem Spielfeld danach. Haben sie die Schlange gefunden, machen sie Zischlaute. Danach gehen die Kinder mit ihren Eimern auf die Wiese, sammeln Steine und legen gemeinsam eine neue Schlange in den Sand. Der Vers kann dabei mehrfach wiederholt werden.
Für ältere Kinder: Die Kinder würfeln reihum aus, wer wie viele Steine an die Schlange legen darf. Wer seine Steine ausgelegt hat, würfelt nicht mehr mit.

Steingeschichten zum Mitmachen

Es war einmal ein Stein

Alter: 2,5 Jahre
Ort: beliebig
Mitspieler: Kleingruppe
Material: 1 großes Seil, für jedes Kind 1 Teppichfliese, 1 Eimer und 10 kleine Steine
Vorbereitung: Die Erzieherin legt mit Teppichfliesen einen Sitzkreis aus und stellt vor jede Fliese einen Eimer mit zehn Steinen. Das Seil legt sie in der Mitte kreisförmig aus.
Spielanleitung: Die Kinder schütten ihre Eimer aus, untersuchen die Steine und spielen damit nach eigenen Vorstellungen. Danach lädt die Erzieherin zu einer Steingeschichte ein. Sagt die Erzieherin „Stein" oder „Steine", werfen die Kinder einen Stein in den Seilkreis.

*Es war einmal ein **Stein**, der lag ganz allein im Sand. Der **Stein** fühlte sich sehr einsam. Da rief der **Stein** seinen Freund, den Wind. Der Wind kam angebraust und hörte dem **Stein** zu. Leise und traurig sagte er: „Ach, lieber Wind, ich bin so allein. Schau doch einmal nach, ob hier im Sand noch andere **Steine** liegen. Ich möchte Freunde haben." Der Wind pustete über den Sand und siehe da, plötzlich entdeckte er viele kleine und große **Steine**. Der Wind pustete noch mehr und noch mehr, bis alle **Steine** zu dem einsamen **Stein** kullerten. Plötzlich war der kleine **Stein** nicht mehr allein. Um ihn herum lagen viele kleine und große **Steine**. Von nun an war der kleine **Stein** nicht mehr traurig, denn er hatte viele Freunde.*

Ich bin ein Stein

Alter: 2 Jahre
Ort: großer Raum, Wiese
Mitspieler: Kleingruppe
Material: spitze, runde, flache Steine, 1 Triangel, 1 Decke, 3 kleine Körbe
Spielanleitung: Alle Steine liegen auf der Decke, sodass die Kinder sie betrachten und vergleichen können. Dann zeigt die Erzieherin einen spitzen Stein und verwandelt die Kinder in spitze Steine, indem sie den Triangel schlägt. Alle Kinder bleiben ruhig stehen und halten ihre Hände spitz über den Kopf, während die Erzieherin nach der Melodie „Vogelhochzeit" ein Lied singt. Danach verwandelt der Triangel die Steine wieder in Menschenkinder. Nun zeigt die Erzieherin einen runden Stein und verwandelt alle Kinder in runde Steine. Diesmal legen sich alle zusammengerollt auf den Boden und hören dem Lied zu. Zum Schluss werden die Kinder in flache Steine verwandelt.

Ich bin ein kleiner spitzer Stein
und stehe hier nicht ganz allein.
Fideralala, fideralala …

Ich bin ein kleiner runder Stein
und liege hier nicht ganz allein.
Fideralala, fideralala …

Ich bin ein kleiner flacher Stein
und liege hier nicht ganz allein.
Fideralala, fideralala …

Abschluss: Die Kinder erzählen, welcher Stein für sie der Angenehmste war. Danach singt die Erzieherin noch einmal alle Strophen, während die Kinder zuhören und die Steine spielen. Zum Schluss sammeln die Kinder alle Steine ein und sortieren sie in die Schalen.

7.

Kreatives mit Steinen

Ölsteine

Alter: 2 Jahre
Ort: beliebig
Mitspieler: Kleingruppe
Material: kleine Wannen, Bürsten, Tücher, Babyöl, Glasschalen, Pinsel
Spielanleitung: Die Kinder sammeln, reinigen und trocknen Steine. Nach dem Trocknen reiben sie ihre Steine mit Öl ein, bis sie glänzen. Das Einölen macht den Kindern viel Spaß. Sie benutzen dafür ihre Hände oder einen Pinsel.
Variation: Nach dem Einölen werden die Steine durch Sand gerollt. Diese besondere Erfahrung ist zwar ölig, macht aber viel Spaß.

Steine umhüllen

Alter: 2 Jahre
Ort: beliebig
Mitspieler: Kleingruppe
Material: Zeitungspapier, Steine, 1 Eimer mit angerührtem Kleister, kleine Wannen, Tapetenrollen, für jedes Kind 1 Malkittel
Spielanleitung: Die Kinder zerreißen Zeitungspapier und vermischen die Schnipsel mit dem angerührtem Kleister. Mit der klebrigen Masse umhüllen sie kleine Steine, bis daraus große Steine werden. Die fertigen Steine werden auf den Tapetenbahnen getrocknet und danach mit den Fingern oder einem Pinsel bemalt.

Steinbilder legen

Alter: 2,5 Jahre
Ort: beliebig
Mitspieler: Einzelaufgabe
Material: viele Steine, für jedes Kind 1 Teppichfliese
Spielanleitung: Jedes Kind legt auf seiner Teppichfliese ein Steinbild aus. Schlägt die Erzieherin zwei Steine gegeneinander, schauen sich alle zusammen die Ergebnisse an.

Erfahrungsfeld Erde

In der Erde gibt es die schönsten Schätze. Unzählige Pflanzen und kleine Tiere leben in und auf der Erde. Sie laden zum Beobachten und Staunen ein. Mit Erdmaterial lässt es sich schmieren und gestalten. Je jünger die Kinder sind, desto hemmungsloser experimentieren sie mit und in der Erde. Das macht nicht nur Spaß, sondern ist ein besonderes Erlebnis für die Sinne. Mit Erde machen die Kinder verschiedene taktile Erfahrungen. Je nach Eigenschaft des Materials muss das Kind mehr oder weniger viel Kraft aufbringen, um sich das Material zu Eigen zu machen.

Erde mit allen Sinnen erforschen

Erste Kontaktaufnahme

Alter: ab 2 Jahre
Ort: draußen oder in einem Raum, in dem Schmieren erlaubt ist
Mitspieler: Kleingruppe
Material: saubere Erde, Gießkannen, Wasser, Sandformen
Spielanleitung: Die Kinder nehmen über die Hände Kontakt mit der Erde auf und experimentieren spielerisch mit dem Material:

- Erde mit den Fingern zerreiben.
- Erde durch die Finger rieseln lassen.
- Erde mit Wasser zu Fließerde machen.
- Erdspuren mit Fingern, Füßen und Stöckchen ziehen.
- Erdkuchen mit Sandformen backen.
- Erdberge bauen.

Fühlstrassen und Erdbeete erstellen

Alter: ab 2,5 Jahre
Ort: draußen
Mitspieler: Kleingruppe
Material: 5 Tomatenkisten, saubere Erde, Grassamen, Kräutersamen, Wiesenblumensamen, Moos, Steine, Folie, Schere, 1 Eimer mit angerührtem Kleister

Spielanleitung: Die kleinen Gärtner schneiden einige Löcher in die Folie und legen damit fünf Tomatenkisten aus. Eine Kiste füllen sie mit einer Schicht Moos. Sie füllen eine zweite Kiste mit einer Erde-Kleister-Mischung und bedecken diese mit Steinen. Die restlichen drei Kisten füllen sie mit Gartenerde und säen in jeweils einer Kiste Grassamen, Wiesensamen und Kräutersamen aus. Nun müssen die Samen einige Tage ruhen. Wenn die Oberflächen dicht bewachsen sind, dürfen die Kinder mit Händen und Füßen über die Kisten gehen.
Für ältere Kinder: Die Kinder säen oder pflanzen Radieschen, Blumen oder Gemüse.

Regenwürmersuchspiel

Alter: ab 2,5 Jahre
Ort: Wiese
Mitspieler: Kleingruppe
Material: 1 leeres Einmachglas, für jedes Kind 1 Eimer und 1 Schaufel
Spielanleitung: Nach einem warmen Regenschauer geht die Erzieherin mit den Kindern auf die Wiese und stellt ihnen ein Rätsel. Was ist das?

Er kriecht durch Sonnen und auch Sturm,
es ist ein langer dünner … (Wurm).

Nun macht sich jedes Kind mit seiner Schaufel und einem Eimer auf die Suche nach Regenwürmern. Ein großes Glasgefäß wird mit Gartenerde gefüllt und mit einer Grasnarbe abgedeckt. Darauf legen die Kinder vorsichtig ihre gefundenen Regenwürmer. Mit etwas Geduld können sie beobachten, wie sich die Würmer erst in die Erde graben und dann wieder heraus kriechen.

Schneckenterrarium

Alter: 2,5 Jahre
Ort: beliebig
Mitspieler: Kleingruppe
Material: 1 altes Aquarium (alternativ 1 Glasblumenvase oder Einmachglas), Kies, lockere Gartenerde, einige Steine, 1 Stück ausgestochene Wiesen- oder Moosboden
Herstellung: Der Boden eines alten Aquariums wird mit Kies bedeckt. Darauf kommt eine dicke Schicht lockere Erde. Dann werden einige Steine auf dem Boden verteilt. In eine Ecke des Terrariums wird ein Stück ausgestochener Wiesen- oder Moosboden gesetzt. Das Terrarium muss stets feucht gehalten werden, darf aber niemals nass werden. Nun beginnt das Abenteuer für die Kinder, denn zwei Schnecken beziehen ihr neues Zuhause. Das Terrarium ist auch schon für die Kleinsten ein ganz besonderer Anziehungspunkt, denn hier können sie die Schnecken jeden Tag bei der Arbeit beobachten und immer wieder etwas Neues entdecken.

Glasgarten

Alter: 2,5 Jahre
Ort: beliebig
Mitspieler: Kleingruppe
Material: 1 altes Aquarium mit Glasblatte zum Abdecken, Kies, Blähton, Humus, Steingartenpflanzen, Farn
Herstellung: Die Erzieherin geht mit einer Kleingruppe in eine Gärtnerei, besorgt dort die Materialien und bitte die Kinder, bei der Gestaltung des Glasgartens zu helfen. Zunächst wird das große Glasgefäß mit einer Schicht Kies bedeckt. Darüber kommt eine Schicht Blähton, der die Feuchtigkeit im Glas reguliert. Jetzt folgt eine dicke Schicht Humuserde, die mit ein wenig Wasser leicht befeuchtet wird – es darf kein Matsch entstehen. Nun werden die Pflanzen gesetzt. Wichtig ist, dass alle Pflanzen genügend Platz haben und ausreichend Licht erhalten. Jetzt werden die Glaswände von innen gesäubert und die Pflanzen mit einem Wasserzerstäuber besprüht. Damit der Glasgarten fest verschlossen ist und sich der Wasserhaushalt allein regeln kann, wird er mit einer Glasscheibe bedeckt. Zum Schluss erhält der Garten einen hellen Standort ohne direkte Sonneneinstrahlung, der für die Kinder gut zugänglich ist. Hier können sie das Wachstum und die Veränderungen im Glasgarten jederzeit beobachten.

Kreative Experimente mit Erde

Erdbilder malen

Alter: ab 2 Jahre
Ort: draußen oder in einem Schmierraum
Mitspieler: Kleingruppe
Material: große Folie, Wasser, saubere Erde oder Ton
Spielanleitung: So viel Wasser in die Erde oder den Ton geben, dass eine flüssige Masse zum Malen entsteht. Die Kinder malen damit auf großer Folie fantasievolle Erdbilder.

Rezept zur Herstellung von Erdfarbe

Material: Erde, Kleister, Wasser, Marmeladengläser mit Deckel
Herstellung: 20 Gramm Kleister mit 0,5 Liter Wasser anrühren und 15 Minuten stehen lassen. Nach Belieben verschiedene Erdarten dazugeben. Die verschiedenen Eigenschaften der Erde lassen unterschiedliche Erdtöne entstehen. Das fertige Erde-Kleister–Wassergemisch in Gläser füllen und verschließen. Diese selbst hergestellten Erdfarben sind einige Tage haltbar.

Knetwürmer auf der Kleisterwiese

Alter: ab 2 Jahre
Ort: beliebig
Mitspieler: Kleingruppe
Material: 1 große Pappwand von einem alten Karton, Knete, Tapetenkleister, alte Zeitungen, grüne Plakafarbe, für jedes Kind 1 Malkittel
Spielanleitung: Die Kinder zerreißen alte Zeitungen, vermengen die Schnipsel mit angerührtem Kleister zu einer breiigen Masse und geben dazu grüne Plakafarbe. Diese grüne Masse kleistern die Kinder auf eine dicke Pappe. Nachdem die Kleisterwiese ein oder mehrere Tage getrocknet ist, formen die Kinder aus Knetmasse lange Regenwürmer und legen diese darauf.

In der Erdbäckerei

Erdpralinen formen

Alter: ab 2 Jahre
Ort: draußen oder in einem Raum, in dem Matschen erlaubt ist
Mitspieler: Kleingruppe
Material: saubere Erde, kleine Äste, Zweige, Steine, Wasser, 1 große Wanne, Pappteller, für jedes Kind 1 Eimer und 1 Malkittel
Spielanleitung: Mit dem Eimer in der Hand suchen die Kinder auf der Wiese nach Ästen, Zweigen, Steinen und anderen Wiesenschätzen. Danach füllen sie in eine Wanne so viel Erde und Wasser, bis sie einen Erdbrei erhalten. Frei nach ihrer Fantasie formen die Kinder nun Erdkugeln und verzieren diese mit ihren gesammelten Naturschätzen. Die fertigen Erdkugeln legen sie auf die Pappteller. Die Erzieherin leitet diese Arbeit mit einem kleinen Vers ein:

Erdpralinen, große, kleine,
forme ich heut ganz alleine.
Die Erde roll ich hin und her.
Pralinen rollen ist nicht schwer.

Für ältere Kinder: Die Kinder arbeiten mit Ton und verzieren die tönernen Erdpralinen mit kleinen Mustern, die sie mit einem Nagel in die Oberfläche ritzen.

Erdtorte backen

Alter: ab 2 Jahre
Ort: draußen oder in einem Raum, in dem Matschen erlaubt ist
Mitspieler: Kleingruppe
Material: saubere Erde, Wasser, Pappteller, Wanne
Spielanleitung: In der Wanne wird mit Wasser und Erde ein Erdteig angerührt. Die Kinder formen aus dem Brei kleine Kugeln. Dann nehmen sie den Pappteller und erstellen darauf eine hohe Schichttorte.
Variation: Die Kinder formen aus dem Erdbrei fantasievolle Erdplätzchen, Erdbrote, Erdbrötchen und eröffnen eine Erdbäckerei.

Kriech- und Bewegungsspiele

Erdmatschrennen

Alter: ab 2 Jahre
Ort: Wiese
Mitspieler: Kleingruppe
Material: viel saubere Erde, Wasser, 2 Stöcke
Spielanleitung: Die Kinder vermischen Wasser und Erde, bis ein erdiger Brei entsteht. Daraus formen sie einen Matschhügel. Die Erzieherin markiert mit zwei Stöcken einen Start- und einen Zielpunkt. Alle Kinder stellen sich am Start hinter dem Erdmatschhügel auf. Gemeinsam sollen sie den Hügel am Ziel neu aufbauen. Jedes Kind nimmt eine Hand voll Erdmatsche, trägt sie schnell zum Ziel, legt sie dort ab, läuft zurück und holt neue Erdmatsche.
Für ältere Kinder: Die Kinder bilden zwei Gruppen, die jeweils einen eigenen Erdhügel formen und im Wettstreit am Ziel neu aufbauen müssen.

Meine kleine Schnecke

Alter: ab 2 Jahre
Ort: beliebig
Mitspieler: Kleingruppe
Material: für jedes Kind 1 Sandsäckchen
Spielanleitung: Die Erzieherin singt das folgende Lied zur Melodie „Alle meine Enten". Alle Kinder tragen auf ihrem Rücken ein Sandsäckchen und bewegen sich zum Text.

Meine kleine Schnecke kriecht geradeaus,
kriecht geradeaus,
trägt auf ihrem Rücken ihr ganz schweres Haus.

Meine kleine Schnecke, sie macht sich ganz klein,
sie macht sich ganz klein,
will nun etwas schlafen und kriecht ins Haus hinein.

Im Schneckenland

Alter: ab 2 Jahre
Ort: Gymnastikraum
Mitspieler: Kleingruppe
Material: Teppichfliesen, Balancierbänke, Hocker, 1 Kriechtunnel, grüne und braune Tücher, 1 grüne Decke, 1 Klangschale
Vorbereitungen: Die Erzieherin gestaltet eine abwechslungsreiche Kriechlandschaft. Mithilfe der Hocker lassen sich kleine Steigungen oder Höhenunterschiede einbauen. Die Tücher verwandeln den Turnraum schnell in eine verwunschene Schneckenlandschaft, in der die Kinder wie Schnecken herumkriechen dürfen.
Spielanleitungen: Die Kinder versammeln sich auf der grünen Decke. Dort erzählt die Erzieherin die Geschichte von der Schnecke Immerfroh.

Auf einer Wiese lebt die kleine Schnecke Immerfroh. Sie ist immer sehr froh, denn sie hat viele Schneckenfreunde. Mit ihnen erlebt sie hier auf der Wiese viele schöne Abenteuer. Zusammen mit ihren Freunden ist Immerfroh sehr mutig. Sie traut sich, durch dichtes Gras und Erdlöcher zu kriechen oder über Äste und Zweige zu balancieren. Manchmal kriecht sie auch auf Büsche oder sogar Bäume. Immerfroh ist mit ihren Freunden von morgens bis abends unterwegs. Erst wenn es dunkel wird, sucht sie sich mit ihren Freunden ein schönes Plätzchen unter einem großen Blatt und zieht sich in ihr Haus zurück. Hier schläft sie müde, aber sehr froh, ein.

Nach dieser Geschichte lädt die Erzieherin die Kinder ein, wie die kleine Schnecke Immerfroh durch die Wiesenlandschaft zu kriechen. Sie schlägt auf die Klangschale und verwandelt die Kinder in kleine Schnecken. Nun können sie nach Lust und Laune kriechen und balancieren. Hören sie erneut den Ton der Klangschale, kriechen sie unter ein Blatt (Tuch) und stellen sich schlafend. Dieses Bewegungsspiel kann beliebig oft wiederholt werden.

8. Erfahrungsfeld Wasser

Draußen sein, die Wärme spüren und mit Wasser spielen, das ist für Kinder immer wieder ein schönes Erlebnis. Bei warmem Wetter machen große und kleine Gefäße sowie aufblasbare Wasserbecken aus jeder Sommerwiese ein abenteuerliches Planschbad.

Wasserspielzeug selbst herstellen

Wasserbälle

Material: runde Luftballons, Wasser
Herstellung: Füllen Sie die Luftballons mit Wasser und blasen Sie diese auf. Gut verschlossen eigenen sich die gefüllten Ballons zum Kullern und Werfen.

Wasserflaschen mit Zauberwasser

Material: transparente Plastikflaschen, mehrere Korken, bunte Krepppapierstreifen, 1 Schüssel, 1 Trichter, Spülmittel, bunte Perlen, 1 Reibe, 1 Messer, Wachsmalstifte
Herstellung: Füllen Sie Wasser in eine Schüssel und geben Sie einen breiten Streifen Krepppapier hinein. Jetzt färbt sich das Wasser, das Sie mithilfe eines Trichters in eine Plastikflasche füllen. Damit die Flasche nicht zu schwer wird, sollte sie nur bis zur Hälfte gefüllt werden. Die gut verschlossene Flasche kann nun hin und her bewegt oder geschüttelt werden. Stellen Sie weitere Zauberwasserflaschen her und beachten Sie dabei folgende Tipps:

- Mit einigen Tropfen Spülmittel im Wasser bildet sich beim Schütteln Schaum.
- Bunte Perlen in klarem Wasser lassen beim Schütteln schöne Muster entstehen.
- Korkenteile sind leichter als Wasser und schwimmen immer an der Oberfläche.
- Wachsmalspäne in klarem Wasser wirken beim Schütteln der Flasche wie bunter Regen.

Gießflaschen

Material: gereinigte Trinkjogurtflaschen, 1 Nadel oder 1 dünner Nagel
Herstellung: Mit einer Nadel werden in einen Flaschendeckel Löcher gestochen. Fertig ist die Gießflasche. Nun muss die Flasche nur noch mit Wasser gefüllt werden.

Wassertürme

Material: gereinigte Sahne-, Jogurt- und Margarinebecher, verschiedene Nägel, 1 Hammer, 1 feste Unterlage, Besenstiele, alte Putzeimer, Gips
Herstellung: Für einen Wasserturm werden zunächst verschieden große Löcher in die Plastikbecher geschlagen. Dann werden die Becher im Abstand von einigen Zentimetern an einen Besenstiel genagelt. Dieser wird in einen Eimer gestellt, der mit angerührtem Gips gefüllt ist. Sobald der Gips trocken ist, lässt sich der Wasserfall transportieren und an jedem beliebigen Ort aufstellen.

Wichtige Informationen für Wasserspiele

- Lassen Sie Ihre Kleinen keine Sekunde aus den Augen. Auch niedrige Planschpfützen bergen Gefahren!
- Nehmen Sie für die Wasserspiele stets keimfreies Leitungswasser. Das gebrauchte Wasser können Sie zum Blumengießen weiterverwenden.
- Erneuern Sie das Wasser täglich.
- Füllen Sie die Wasserbecken und Gefäße stets mit warmem Wasser, denn kaltes Wasser blockiert die Spielfreude der Kleinen.

8.

Spielerisch experimentieren mit Wasser

In der Wasserwerkstatt

Alter: ab 2 Jahre
Ort: Wiese
Mitspieler: 4–6 Kinder
Material: 1 mit Wasser gefülltes Planschbecken, Plastikflaschen, Plastikbecher, Trichter
Spielanleitung: Die Kinder schöpfen mit den Gefäßen Wasser aus dem Planschbecken und schütten dies nach Belieben um oder ins Becken zurück.

Die kleine Wasserhexe

Alter: ab 2 Jahre
Ort: Wiese
Mitspieler: 6–8 Kinder
Material: Gießflaschen, 1 Wanne, Wasser, 1 Triangel
Spielanleitung: Die Erzieherin geht mit den Kindern nach draußen. Auf der Wiese suchen sie einen schönen Platz, legen sich auf den Rasen und beobachten die Wolken. Nach einiger Zeit erzählt die Erzieherin die Geschichte von der Wasserhexe:

Hoch oben in den Wolken wohnt die kleine Wasserhexe. Sie ist eine gute Freundin vom Regenkönig. Wenn dieser krank oder müde ist, dann erledigt die Wasserhexe seine Arbeit. Sie nimmt ihre Gießflaschen, füllt sie mit Wasser und lässt sich vom Wind auf die Erde bringen. Hier gießt sie die Blumen, das Gras, den Sand, die Erde und manchmal sogar die Häuser und Straßen. Diese Arbeit macht der Wasserhexe viel Spaß. Deshalb verschwindet sie erst wieder in ihrer Wolke, wenn auf der Erde alles nass ist.

Nach dieser Geschichte schlägt die Erzieherin den Triangel und verwandelt alle Kinder in kleine Wasserhexen. Sie füllen ihre Gießflaschen mit Wasser und gießen ihre Umgebung so lange, bis es überall nass ist.

Wassertürme

Alter: ab 2,5 Jahre
Ort: beliebig
Mitspieler: Kleingruppe
Material: mehrere Wassertürme, Schüsseln, kleine Gießkannen, Plastikflaschen, Wasser
Spielanleitung: Die Kinder bauen in ihrer Wasser-Experimentierecke verschiedene Wassertürme, Schüsseln und Gießkannen auf. Sie schütten und gießen das Wasser in verschiedene Becher. Dabei beobachten sie unterschiedliche Fließarten.
Hinweis: Das Wasser wird in einer Schüssel aufgefangen und immer wieder benutzt.

Wasserkonzert

Alter: ab 3 Jahre
Ort: beliebig
Mitspieler: 4–6 Kinder
Material: Plastiktassen, Wannen, für jedes Kind 1 dicker Strohhalm
Spielanleitung: Eine große Wanne ist mit Wasser gefüllt. Die Kinder patschen und schlagen so kräftig auf das Wasser, bis Geräusche entstehen. Danach geben sie Wasser in eine Tasse und pusten durch den Strohhalm hinein, bis ein lustiges Blubbern zu hören ist.

Was schwimmt oben?

Alter: ab 2 Jahre
Ort: Wiese
Mitspieler: 4 Kinder
Material: große Wannen oder Planschbecken, 4 Eimer, Steine, Hölzer, Sand, Erde, Gras, Blätter, Baumrinde und andere Naturmaterialien
Spielanleitung: Die Kinder sammeln auf der Wiese Steine, Hölzer, Sand, Erde, Gras, Blätter, Baumrinde und andere Naturmaterialien. Nacheinander werfen sie alle Materialien in das Becken. Dabei beobachten sie, was oben schwimmt und was untergeht.
Für ältere Kinder: Bevor die Kinder einen Gegenstand ins Wasser werfen, raten sie, ob er schwimmt oder nicht. Danach überprüfen sie, ob ihr Tipp richtig war.

8.

Geschicklichkeits- und Bewegungsspiele

Schwimmende Regentropfen

Alter: ab 2 Jahre
Ort: beliebig
Mitspieler: Kleingruppe
Material: 1 Planschbecken, Wasser, blaue Luftballons, 1 Luftpumpe
Spielanleitung: Die Erzieherin füllt ein Planschbecken mit Wasser, legt einen aufgeblasenen Luftballons hinein und bittet die Kinder, ihn durch Pusten fortzubewegen. Dann erzählt sie folgende Geschichte vom Regentropfen. Sobald er genannt wird, bringen die Kinder den Luftballon durch Pusten in Bewegung.

*Es war einmal ein **Regentropfen**, der lag auf einem Stein. Die Sonne schien so stark auf ihn herab, dass ihm ganz heiß war. Verzweifelt jammerte der **Regentropfen**: „Oh je, wenn mich nicht schnell jemand rettet, bin ich gleich verschwunden!" Das hörte der Wind. Mit seiner kräftigen Puste schubste er den **Regentropfen** in einen kleinen Bach. Dort war es schön kühl. Munter sprang der **Regentropfen** in den Wellen umher. Jetzt war der **Regentropfen** glücklich, vermischte sich mit dem Wasser und schwamm ins große Meer.*

Klingende Regentropfen

Alter: ab 3 Jahren
Ort: Wiese, Gymnastikraum
Mitspieler: 6–8 Kinder
Material: 1 grüne Decke, viele bunte Luftballons, die mit Glöckchen gefüllt sind
Spielanleitung: Die Kinder sitzen barfuß auf der Wiese oder einer Decke und lauschen folgender Geschichte:

Es ist ein wunderschöner warmer Tag und die kleine Wasserhexe hat gar nichts zu tun. Faul liegt sie auf der Wiese herum und schaut in die Sonne. Dabei wird ihr immer heißer. Als sie es nicht mehr aushält, ruft sie den Regenkönig. Der kommt mit seiner Gießkanne und kühlt sie mit den Regentropfen ab. Das mag die Hexe. Zufrieden schaut sie zu, wie die Regentropfen an ihrem Körper herunter laufen. Auf einmal sieht sie, dass die Tropfen bunt sind. Sie schimmern in der Sonne rot, gelb und blau. Sie purzeln, hüpfen und tanzen auf ihrem Körper hin und her. Einige Tropfen klingeln sogar beim Hüpfen und machen eine schöne Regentropfenmusik. Darüber freut sich die Wasserhexe so sehr, dass sie sofort viele bunte Regentropfen zaubert, um mit ihnen zu spielen.

Am Ende der Geschichte zeigt die Erzieherin den Kindern die bunten Regentropfen (Luftballons). Sie nimmt einen Tropfen, hüpft damit barfuß auf der Wiese herum und wirft ihn immer wieder in die Luft. Dabei ist ein leichter Klingelton zu hören. Nun darf sich jedes Kind einen Regentropfen holen, über die Wiese hüpfen und schöne Regentropfenmusik machen.

Regentropfenballspiele

Kullerballons herstellen

Ein Riesenluftballon wird mit Wasser gefüllt, aufgeblasen und fest verknotet.

Ein Regentropfen groß und schwer

Alter: ab 2 Jahre
Ort: beliebig
Mitspieler: Kleingruppe
Material: 1 Kullerballon, 1 Triangel, für jedes Kind 1 Teppichfliese
Spielanleitung: Die Kinder bilden mit ihren Teppichfliesen einen Sitzkreis. Die Erzieherin holt den Riesenballon und erzählt folgenden Vers. Dabei kullert sie den Ball vor sich hin und her.

Ein Regentropfen, groß und schwer,
kullert immer hin und her.
Er liegt ganz still und schaut umher
und kullert wieder hin und her.

Ein Regentropfen, groß und schwer,
kullert immer hin und her.
Er liegt ganz still und ruht sich aus
und kullert langsam nun nach Haus.

Nach der ersten Strophe ruft die Erzieherin den Namen eines Kindes, rollt ihm den Ball zu und wiederholt die erste Strophe, während das Kind den Ball vor sich hin und her rollt. Am Ende der Strophe ruft das Kind den Namen eines anderen Kindes und rollt ihm den Ball zu. Die erste Strophe wird in dieser Form so oft wiederholt, bis alle Kinder den Ball hatten. Danach verteilen die Kinder ihre Matten im Raum und legen sich darauf. Mithilfe des Triangels verwandelt die Erzieherin die Kinder in Kullertropfen. Nun spricht sie beide Strophen, während die Kinder auf dem Boden hin und her kullern. Am Ende der zweiten Strophe kullern sie auf ihre Matten zurück.

Regentropfenstockschießen

Alter: ab 2 Jahre
Ort: beliebig
Mitspieler: 6–8 Kinder
Material: für jedes Kind 1 Kullerballon und 1 Stock
Spielanleitung: Den Ballon mit einem Ast weg schlagen.

Regentropfentennis

Alter: ab 2 Jahre
Ort: beliebig
Mitspieler: 6–8 Kinder
Material: für jedes Kind 1 Kullerballon und 1 Fliegenklatsche
Spielanleitung: Den Ballon mit einer Fliegenklatsche durch die Luft schlagen.

Regentropfentanz

Alter: ab 2 Jahre
Ort: beliebig
Mitspieler: 6–8 Kinder
Material: für jedes Kind 1 Kullerballon
Spielanleitung: Den Ballon zwischen die Beine klemmen und zu einem Lieblingslied tanzen.

Regentropfenfußball

Alter: ab 2,5 Jahre
Ort: Spielplatz
Mitspieler: Kleingruppe
Material: für jedes Kind 1 Kullerballon
Spielanleitung: Die Kinder treten nach Lust und Laune gegen die Bälle.
Für ältere Kinder: Die Erzieherin stellt Tore auf und pfeift ein Wasserfußballspiel an.

Vorsicht Feuerqualle

Alter: ab 2,5 Jahre
Ort: Spielplatz
Mitspieler: Kleingruppe
Material: 1 roter Kullerballon
Spielanleitung: Die Kinder stehen im Kreis. Die Erzieherin ruft den Namen eines Kindes und wirft ihm die Feuerqualle zu. Das Kind versucht die Qualle zu fangen und wirft sie zurück. Das Spiel wird beliebig oft wiederholt.
Für ältere Kinder: Sie werfen sich gegenseitig die Feuerqualle zu, ohne vorher den Namen des Fängers zu nennen.

Hautnahe Schmier- und Wasserspiele

Die Haut ist das größte Sinnesorgan unseres Körpers. Mit ihren unzähligen Rezeptoren reagiert sie auf Berührung, Druck und Wärme. Die Haut hilft dem Kleinkind sich beim Begreifen, Spüren und Betasten mit seiner Umwelt auseinander zu setzen, diese zu verstehen und daraus Handlungen abzuleiten. Reize, die das Kind über die Haut aufnimmt, geben ihm Auskunft über die Eigenschaften des Materials und veranlassen es zu einer Reaktion. Die Handflächen, die Fingerspitzen und die Fußsohlen sind sehr empfänglich für Reize. Daher sollten die Kleinen möglichst oft über diese Körperteile taktile Umwelterfahrungen machen dürfen. Bei der Auswahl der Materialien sollte allerdings stets berücksichtigt werden, dass Erfahrungen über die Lippen, die Zunge und den Gaumen für das Kleinkind ebenso wichtig sind und sie deshalb alles Greifbare in den Mund stecken.

Seifenkrabbeldecke

Alter: ab 2 Jahre
Ort: Wiese
Material: 1 große Plastikdecke, haut- und augenfreundliche Seifenlauge
Mitspieler: 2–3 Kinder
Spielanleitung: Die Erzieherin gibt flüssige Kernseife in warmes Wasser, verrührt die Seifenlauge gut und gießt diese über eine ausgebreitete Plastikdecke. Auf der glitschigen Decke dürfen die Kinder nun kriechen, krabbeln oder umher rutschen.
Hinweis: Das Aufstehen und Laufen ist nicht erlaubt! Kleinere Kinder dürfen nicht ohne die Erzieherin auf die Decke.

Schaumschläger – Bunten Schaum selbst herstellen

Alter: ab 1,5 Jahre
Ort: Wiese, Waschraum
Mitspieler: pro Erzieherin 2 Kinder
Material: haut- und augenfreundliche Kernseife, hautfreundliche Finger- oder Wasserfarben, warmes Wasser, 1 Schneebesen
Herstellung: Die Kernseife wird in warmem Wasser aufgelöst und mit hautfreundlicher Finger- oder Wasserfarbe vermischt. Abwechselnd dürfen die Kinder die farbige Seifenlauge mit dem Schneebesen schlagen, bis fester Schaum entsteht.

Spiegelkunst

Alter: ab 1 Jahr
Ort: beliebig
Mitspieler: 4 Kinder
Material: Spiegelfolie, haut- und augenfreundlicher Schaum
Spielanleitung: Eine Folie wird mit Schaum bedeckt. Nun malen alle Kinder nach Belieben mit Händen und Füßen, während sie sich dabei im Spiegel beobachten.

Schaumpusten

Alter: ab 2 Jahre
Ort: Wiese, Waschraum
Mitspieler: 4 Kinder
Material: Schüsseln mit buntem Schaum, 1 Plastikdecke
Spielanleitung: Die Kinder bauen Schaumfiguren und pusten Löcher hinein.

Schaumschätze suchen

Alter: ab 2 Jahre
Ort: Wiese, Waschraum
Mitspieler: 4 Kinder
Material: Schüsseln mit buntem Schaum, Glaskugeln
Spielanleitung: Im Schaum werden kleine Glaskugeln versteckt. Diese müssen die Kinder mit den Händen suchen.

Schaummalerei

Alter: ab 2 Jahre
Ort: Wiese, Waschraum
Mitspieler: 4 Kinder
Material: Schüsseln mit buntem Schaum, 1 Plastikdecke, Schwämme
Spielanleitung: Die Kinder malen mit einem Schwamm bunte Schaumbilder auf eine Plastikdecke.

Schaumtürme bauen

Alter: ab 2 Jahre
Ort: Wiese, Waschraum
Mitspieler: 4 Kinder
Material: Schüsseln mit buntem Schaum
Spielanleitung: Die Kinder bauen mit Schaumstücken einen Turm. Auf das Kommando „1, 2, 3!“ pusten sie ihren Turm um.

9. Erfahrungsfeld Blütenzauber

Keine Jahreszeit schenkt uns so viel Farbenpracht wie der Sommer. Für unsere Kleinen sind Blüten ein faszinierendes Naturmaterial. Sie können die Blüten betrachten, an ihnen riechen, sie pflücken oder verwelkete Blüten zerpflücken.

Farben, Düfte, Formen zuordnen

Blütenmuseum

Alter: ab 2,5 Jahre
Ort: Wiese
Mitspieler: Kleingruppe
Material: Sand, für jedes Kind 1 Papiertüte
Spielanleitung: Die Kinder erhalten je eine Tüte, gehen auf die Wiese und sammeln schöne Blätter, Blüten oder Gräser. In der Zwischenzeit streut die Erzieherin mit dem Sand kleine Rahmen auf den Boden. In diese Rahmen legen die Kinder ihre gesammelten Blüten. Nach vollbrachter Arbeit gehen alle gemeinsam durch das Blütenmuseum und bestaunen die Blütenpracht.
Für ältere Kinder: Die Kinder sortieren ihre Blüten nach Farben oder Blumenarten und geben sie anschließend in einzelne Rahmen.

Sommermärchen zum Träumen und Tanzen

Die Blütenprinzessin

Alter: ab 2,5 Jahre
Ort: beliebig
Mitspieler: Kleingruppe
Material: 1 Korb mit Gänseblümchen, 1 grünes Tuch, Entspannungsmusik (Arndt Stein), alte Kataloge
Spielanleitung: Ein grünes Tuch wird in die Kreismitte gelegt und mit Gänseblümchen geschmückt. Alle Kinder setzen sich im Kreis um das Tuch und nehmen sich

eine Blüte. Sie riechen an ihr, betrachten sie und befühlen die Blüten. Dann erzählt die Erzieherin den Kindern das folgende Sommermärchen:

Es war einmal eine Prinzessin. Wie alle anderen Kinder spielte auch sie gerne im Sand oder lief barfuß durch Pfützen. Doch am liebsten saß sie auf ihrer großen Blumenwiese hinter ihrem Schloss. Ganz still saß sie zwischen den langen Grashalmen und den wunderschönen Blumen. Sie erfreute sich an den Farben und dem Duft. Oft wurde sie dabei ein wenig müde. Dann legte sie sich auf den weichen Blütenteppich, schloss ihre Augen und lauschte der leisen Blütenmusik. War die Musik besonders schön, stand sie auf, pflückte eine Blüte und tanzte den Blütentanz. Erst wenn der Wind sie berührte, machte sie sich wieder auf den Weg ins Schloss. Zur Erinnerung nahm sie jedes Mal eine andere Blüte mit und legte sie in einen schönen Rahmen. Wenn die Prinzessin die Blüten betrachtete, erinnerte sie sich an ihre Blütenwiese. Das machte sie sehr froh.

Schluss: Die Kinder tanzen zu leiser Entspannungsmusik. Danach sammeln sie bunte Blumen und trocknen sie in alten Katalogen (siehe Seite 30).

Der Blütentanz

Alter: ab 2,5 Jahre
Ort: Wiese
Mitspieler: Kleingruppe
Material: Sand
Spielanleitung: Mit Sand wird ein Kreis auf der Wiese markiert. Die Kinder sammeln Blüten und legen sie dort hinein. Dann stellen sie sich um den Kreis, fassen sich an den Händen, singen das Blütentanzlied zur Melodie „Vogelhochzeit" und nehmen sich eine Blüte. Zum Schluss gehen alle Kinder in die Hocke, legen die Hände unter den Kopf und schließen ihre Augen.

Wir gehn gemeinsam ganz, ganz leis
um diesen schönen Blütenkreis.
Fideralala …

Mit der Blüte in der Hand,
so tanz ich durch das Blütenland.
Fideralala …

Die Blüten legen sich zur Ruh
und machen ihre Kelche zu.
Fideralala …

10. Erfahrungsfeld Herbstblätter

Bunte Herbstblätter sind Spielmaterialien, mit denen die Kinder spielerisch angenehme Körpererfahrungen machen können. Sie sind weich, handlich und leicht. Schon die Kleinsten können sie werfen, fangen, sich unter ihnen verstecken, sie zerreißen und an ihnen riechen. Zeigen Sie den Kindern den Zauber der bunten Blätterwelt. Gehen Sie mit ihnen auch bei regnerischem und windigem Wetter auf die Herbstwiese.

Bunte Blätterwelt entdecken

Blattschätze sammeln

Alter: ab 2,5 Jahren
Ort: Herbstwiese
Mitspieler: Kleingruppe
Material: Sand, für jedes Kind 1 Teppichfliese
Spielanleitung: Die Kinder setzen sich im Kreis auf ihre Teppichfliese und bilden mit der Hand eine Schale. Reihum legt die Erzieherin jedem Kind ein Herbstblatt in die Hand. Anschließend malt sie mit Sand einen Kreis auf die Wiese und erklärt den Kindern, dass sie so viele bunte Blätter sammeln und in diesen Kreis legen sollen, bis er vollständig bedeckt ist.
Für ältere Kinder: Die Blätter nach Farben, Größen oder Formen sortieren.

Geschicklichkeits- und Konzentrationsspiele

Blätterpusten

Alter: ab 2 Jahre
Ort: Wiese
Mitspieler: Kleingruppe
Material: Blätter, für jedes Kind 1 Strohhalm
Spielanleitung: Mit einem Strohhalm pusten die Kinder die Blätter vorwärts.

Blättertanz

Alter: ab 2 Jahre
Ort: Wiese
Mitspieler: Kleingruppe
Material: 1 Stück großes Tuch, Blätter
Spielanleitung: Die Kinder sammeln bunte Herbstblätter und legen sie auf ein Tuch, das auf dem Boden ausgebreitet ist. Dann nehmen sie das Tuch, heben es in die Höhe und singen ein Lieblingslied. Dabei gehen sie im Kreis umher und achten darauf, dass die Blätter nicht vom Tuch fallen.

Blätterdecke

Alter: ab 2 Jahre
Ort: Wiese
Mitspieler: Kleingruppe
Material: Blätter, für jedes Kind 1 Strohhalm
Spielanleitung: Ein Kind legt sich auf den Boden und bleibt regungslos liegen, bis ein anderes Kind seinen gesamten Körper mit Blättern zugedeckt hat.

Blättertransport

Alter: ab 2 Jahre
Ort: Wiese
Mitspieler: Kleingruppe
Material: Blätter, für jedes Kind 1 Strohhalm
Spielanleitung: Mit einem Strohhalm saugen die Kinder ein Blatt an und bringen es an einen zuvor vereinbarten Ort.

11.

Mitmachgeschichte im Blätterwald

Die Blätterzwerge

Alter: ab 2,5 Jahre
Ort: Wiese
Mitspieler: Kleingruppe
Material: Sand, 1 Kanne kalten Pfefferminztee, für jedes Kind 1 Papiertüte, 1 Teppichfliese und 1 Trinkbecher
Spielanleitung: Die Erzieherin malt mit Sand einen Kreis auf die Wiese, in den die Kinder ihre gesammelten Blätter legen. Dann setzen sich alle auf ihre Teppichfliese um den Kreis und lauschen der Geschichte von den Blätterzwergen. Wenn sie das Wort „Blätter" hören, dürfen sie sich ein Blatt aus der Kreismitte nehmen. Zum Schluss trinken alle einen Becher Pfefferminztee.

Früh morgens, wenn der Tau noch auf den ***Blättern*** *liegt und es ganz still im Wald ist, machen sich die* ***Blätter****zwerge auf den Weg. Sie sammeln ganz frische* ***Blätter****. Von Sträuchern, kleinen Büschen, Kräutern und Bäumen pflücken sie die kleinsten* ***Blätter****. Daraus machen sie frischen* ***Blätter****tee,* ***Blätter****soße und* ***Blätter****kuchen. Im Herbst haben die* ***Blätter****zwerge immer viel zu tun, denn dann müssen sie jeden Tag* ***Blätter****tee,* ***Blätter****soße und* ***Blätter****kuchen herstellen. Diese leckeren Sachen verkaufen sie dann auf einem großen Markt. Ihre* ***Blätter****kuchen,* ***Blätter****soßen und ihr* ***Blätter****tee sind so beliebt, dass die Menschen von weit her auf diesen Markt kommen und bei den Zwergen einkaufen. Erst im Winter, wenn es keine* ***Blätter*** *mehr gibt, haben die Zwerge Zeit, um ihren eigenen* ***Blätter****tee,* ***Blätter****kuchen und ihre leckere* ***Blätter****soße zu probieren.*

Für ältere Kinder: Es liegen die Blätter von drei verschiedenen Baumarten in der Mitte, z. B. Kastanienblätter, Buchenblätter und Eichenblätter. Werden diese in der Geschichte genannt, nimmt jedes Kind das richtige Blatt.

Erfahrungsfeld Nüsse

Nüsse sind für die Kleinen ein anregendes Spielzeug. Sie sind handlich und können ohne Bedenken auch mal in den Mund genommen werden. Sie lassen sich werfen, rollen und in Plastikflaschen füllen, um damit laute Musik zu machen. Nach dem Nussprojekt werden alle Nüsse zu einem Nusskuchen verarbeitet.

Nüsse zuordnen und wiegen

Nüsse zuordnen

Alter: ab 2 Jahre
Ort: beliebig
Mitspieler: Kleingruppe
Material: Haselnüsse, Walnüsse, Erdnüsse, 1 große Plastikwanne, je 1 Bildkarte mit dem Umriss einer Haselnuss, Walnuss und Erdnuss
Spielanleitung: Eine Bildkarte mit dem Umriss einer Haselnuss wird gezeigt. Dann suchen die Kinder alle Haselnüsse aus der Plastikwanne und legen sie unter die Karte. Genauso werden die anderen Nüsse zugeordnet.

Nüsse wiegen

Alter: ab 2 Jahre
Ort: beliebig
Mitspieler: Kleingruppe
Material: Haselnüsse, Walnüsse, Erdnüsse, 1 große Plastikwanne, 1 Balkenwaage
Spielanleitung: Die Kinder wiegen einzelne Nüsse, ehe sie mit den Gewichten von mehreren Nüssen experimentieren.
Für ältere Kinder: Die Nüsse werden mit Namen benannt und dann zugeordnet, gewogen oder sortiert.

Klingende Bewegungsspiele

Die Nüsse hier

Alter: ab 2 Jahre
Ort: beliebig
Anzahl: Kleingruppe
Material: für jedes Kind 2 Walnüsse
Spielanleitung: Die Kinder begleiten das folgende Lied zur Melodie „Die Fröschelein", indem sie zwei Walnüsse gegeneinander schlagen.

Die Nüsse hier, die Nüsse hier, die machen laut knack, knack.
Die Nüsse hier, die Nüsse hier, die machen laut knack, knack.

Knack, knack, knack, knack.
Knack, knack, knack, knack.
Knack, knack, knack, knack, knack, knack.

Die Nüsse hier, die Nüsse hier, die machen leis knack, knack.
Die Nüsse hier, die Nüsse hier, die machen leis knack, knack.

Knack, knack, knack, knack.
Knack, knack, knack, knack.
Knack, knack, knack, knack, knack, knack.

Das Nusskonzert

Alter: ab 2 Jahre
Ort: beliebig
Mitspieler: Kleingruppe
Material: für jedes Kind 2 Walnüsse
Spielanleitung: Die Kinder nehmen zwei Walnüsse in die Hand und dürfen damit erst einmal experimentieren. Danach lauschen sie dem Singsanglied der Erzieherin. Nacheinander klopft jedes genannte Kind mit seinen Nüssen im Takt zur Melodie. In der letzten Strophe begleiten alle zusammen das Lied mit ihren Walnüssen.

Kommt und hört, kommt und hört,
wir machen jetzt ein Nusskonzert.
Jeder spielt so laut er kann,
Marie, fang du doch einmal an.

Variation: Für kleinere Kinder werden die Nüsse in handliche Plastikflaschen gefüllt, damit sie im Takt der Melodie rasseln können.

Beobachtungs- und Konzentrationsspiele

Leo sammelt für den Winter

Alter: ab 2 Jahre
Ort: beliebig
Mitspieler: Kleingruppe
Material: viele Haselnüsse, Tesakrepp, für jedes Kind 1 kleine Plastikflasche
Spielhinweis: Die Erzieherin erzählt die Geschichte von dem Eichhörnchen Leo. Beim Wort „Nuss" oder „Nüsse" nehmen die Kinder eine Nuss aus der Kreismitte und stecken sie in die Plastikflasche. Zum Schluss rasseln alle gemeinsam mit ihren vollen Flaschen und singen ein Lieblingslied.

Jetzt im Herbst, wenn der Wind kräftig bläst, fallen die ***Nüsse*** *von den Bäumen. Nun hat Eichhörnchen Leo sehr viel zu tun. Er muss viele* ***Nüsse*** *für den Winter sammeln. Fleißig wie er ist, macht er sich auf, um unter dem* ***Nuss****baum nach* ***Nüssen*** *zu suchen. Heute hat er Glück. Er findet ganz viele* ***Nüsse****. Nun sucht er für jede* ***Nuss*** *ein Versteck. Leo versteckt seine* ***Nüsse*** *an den Stellen, wo er sie bestimmt wiederfindet. Dort buddelt er ein Loch und legt seine* ***Nüsse*** *hinein. Wenn der Winter kommt, buddelt er die* ***Nüsse*** *wieder aus und verspeist sie. Leo hat ganz bestimmt so viele* ***Nüsse*** *verbuddelt, dass er im Winter nicht hungern muss.*

Nüsse suchen

Alter: ab 2 Jahre
Ort: Wiese
Mitspieler: Kleingruppe
Material: viele Walnüsse, Sand, für jedes Kind 1 Tüte
Vorbereitung: Die Erzieherin kennzeichnet mit Sand ein Spielfeld. Dort versteckt sie einige Nüsse.
Spielanleitung: Die Erzieherin erzählt, dass das Eichhörnchen Leo viele Nüsse versteckt hat und sie einfach nicht findet. Alle helfen suchen.
Für ältere Kinder: Das Spielfeld ist kleiner und die Nüsse werden mit verbundenen Augen gesucht.

Körpererfahrungsspiel

Nussmassage

Alter: keine Altersangabe, da sich diese Massage als Einzelangebot eignet
Ort: ruhiger Raum, oder draußen
Mitspieler: Einzelangebot oder 4–6 Kinder
Material: 7 Walnüsse, 2–3 Badetücher
Spielanleitung: Sollten die Kinder sich gegenseitig massieren, bilden sie Paare. Ein Kind liegt auf dem Bauch. Das andere Kind rollt eine Walnuss über seinen Rücken. Zur Anleitung der Massage spricht die Erzieherin folgende Verse:

Die kleine Nuss macht schöne Sachen,
sie will dir jetzt 'ne Freude machen.
Bleibe liegen, sei ganz still,
weil sie dich berühren will.

Sie rollt langsam kreuz und quer,
immer wieder hin und her.
Über Rücken und auch Beine,
rollt die Nuss so ganz alleine.

Auf dem Rücken ist es schön,
hier kann sie sich ganz doll drehn.
Sie rollt und rollt und ruht nicht aus,
jetzt ist sie müd, sie rollt nach Haus.

Erfahrungsfeld Kastanien

Beim Spiel mit Kastanien gibt es für die Kleinen viel zu entdecken. Schon das Sammeln bereitet ihnen Freude und lädt sie zum Begreifen ein. Sitzen die Kleinen dann im Kastanienbad, macht ihnen das Schütten, Werfen und Umfüllen am meisten Spaß.

Kastanien richtig trocknen!

Die Kastanien müssen lange getrocknet werden, bevor sie zum Spielen oder zum Basteln aufbewahrt werden können. Unzureichend getrocknete Kastanien schimmeln!

Musizieren mit Kastanien

Klapperhandschuh

Alter: ab 2 Jahre
Ort: draußen
Mitspieler: Kleingruppe
Material: durchbohrte Kastanien, Wolle, 1 dicke Nadel, für jedes Kind 1 Paar alte Kinderhandschuhe
Vorbereitung: In jeden Handschuh werden einige durchbohrte Kastanien eingenäht.
Spielanleitung: Jedes Kind erhält ein Paar Klapperhandschuhe und schlägt diese nach Belieben gegeneinander.
Hinweis: Die Handschuhe eignen sich auch gut für eine Massage.

Kastanienrasseln

Alter: ab 2 Jahre
Ort: draußen
Mitspieler: Kleingruppe
Material: Kastanien, für jedes Kind 1 Plastikflasche (Sahne- oder Trinkflaschen)
Vorbereitung: Die Flaschen werden mit einigen Kastanien gefüllt und fest verschlossen.
Spielanleitung: Im Hintergrund läuft eine Tanzmusik. Die Kinder nehmen ihre Kastanienrasseln, halten sie in die Höhe und bewegen sich zur Musik.

Kastanienschellen

Alter: ab 2 Jahre
Ort: draußen
Mitspieler: Kleingruppe
Material: durchbohrte Kastanien, Wolle, 1 dicke Nadel, für jedes Kind 1 breites Gummiband
Vorbereitung: Auf ein Gummiband werden die Kastanien so aufgenäht, dass die Kastanien leicht hängen und sich berühren. Das Gummi wird an den Enden zusammengenäht.
Spielanleitung: Jedes Kind erhält eine Kastanienschelle, zieht diese auf einen Fuß und schüttelt diesen mal langsam und mal schnell. Nachdem die Kinder ein wenig Übung haben, singt die Erzieherin eines ihrer Lieblingslieder, das sie nun mit ihren Kastanienschellen begleiten.

Geschicklichkeitsspiele mit Kastanien

Werfen und zielen

Alter: ab 2 Jahre
Ort: draußen
Mitspieler: Kleingruppe
Material: verschieden große Behälter, für jedes Kind 3 Kastanien
Spielanleitung: Jedes Kind erhält drei Kastanien. Nacheinander stellen alle Kinder sich an der Startlinie auf und werfen die Kastanien in verschieden große Behälter.

Rollen und zielen

Alter: ab 2 Jahre
Ort: draußen
Mitspieler: Kleingruppe
Material: für jedes Kind 3 Kastanien
Spielanleitung: Wie beim Murmelspiel graben die Kinder ein großes Loch in die Erde. Dort hinein rollen sie ihre Kastanien.

Kastanienschnecke

Alter: ab 2 Jahre
Ort: draußen
Mitspieler: Kleingruppe
Material: viele Kastanien
Spielanleitung: Ein Kind kniet auf allen vieren. Ein anderes Kind legt ihm Kastanien auf den Rücken, die es krabbelnd zum Ziel bringen muss. Dort angekommen, richtet das krabbelnde Kind sich auf und schüttelt seine Kastanien ab.

Fühlstraße

Kastanienkissen herstellen

Material: getrocknete Kastanien, Plastikbeutel, 1 Schweißgerät, Waschhandschuhe, 1 Nähmaschine
Herstellung: Die Erzieherin füllt getrocknete Kastanien in einen Plastikbeutel, sodass sie nebeneinander liegen. Dann verschweißt sie diesen, zieht darüber einen Waschhandschuh und näht diesen gut zu.

Kastanienstraße

Alter: ab 2 Jahre
Ort: draußen
Mitspieler: Kleingruppe
Material: Folie, Kastanienkissen, für jedes Kind 1 Sonnenkappe
Spielanleitung: Mit Folien wird eine Straße gelegt und mit den selbst genähten Kastanienkissen gepflastert. Die Kinder gehen barfuß über die Kastanienstraße, setzen sich am Ende eine Sonnenkappe auf und laufen zurück.

13. Erfahrungsfeld Eis und Schnee

Warum sich Eis und Schnee in der Hand verändern, verstehen Kleinkinder noch nicht. Um ihre Umwelt und deren Wunder zu begreifen, müssen sie im Experiment und Spiel erleben, wie Eis und Schnee in der Hand zu Wasser schmelzen. Doch Vorsicht! Kleinkinder sagen oftmals nicht, wenn sie frieren. Bleiben Sie mit ihnen nicht zu lange draußen. Schnee ist ein Element, an das Kinder sehr behutsam herangeführt werden sollten. Gehen Sie mit den Kindern täglich für kurze Zeit auf den Spielplatz, damit sie den Schnee sehen, spüren und schmecken können.

Winterliche Experimentierspiele

Überraschungsgläser

Alter: ab 2 Jahre
Ort: beliebig
Mitspieler: 6–8 Kinder
Material: Schnee, Einmachgläser, bunte Glaskugeln, Steine, Kastanien, kleine Spielzeuge
Spielanleitung: Die Erzieherin füllt mehrere Einmachgläser mit Schnee und kleinen Überraschungen. Diese Gläser werden auf die Fensterbank gestellt. Nun können die Kinder täglich schauen und raten, welche Überraschung im Schnee versteckt ist.

Kalt und warm

Alter: ab 2 Jahre
Ort: beliebig
Mitspieler: 6–8 Kinder
Material: Eisstücke, kaltes Wasser, warmes Wasser, Kühlakkus, Wärmflaschen
Spielanleitung: Die Kinder bekommen Kühlakkus und Wärmflaschen. Mit ihren Körper können sie nun den Unterschied zwischen warm und kalt erfahren.

Eiskalte Geschicklichkeitsspiele

Werfen, suchen, finden

Alter: ab 2 Jahre
Ort: draußen
Mitspieler: Kleingruppe
Material: Schnee, 1 Tennisball
Spielanleitung: Die Erzieherin wirft einen Tennisball in den Schnee. Die Kinder verfolgen die Flugbahn und suchen den Tennisball.

Eiswürfel fangen

Alter: ab 2 Jahre
Ort: draußen
Mitspieler: Kleingruppe
Material: 1 Schale, 1 Plastikdecke, viele bunte Eiswürfel
Spielanleitung: Viele bunte Eiswürfel werden auf eine Plastikdecke gelegt. Die Kinder sollen dieses glitschige Eisstück nun mit den Händen fangen und in eine Schale bringen.

Der Tanz der Zaubereiswürfel

Alter: ab 2 Jahre
Ort: draußen
Mitspieler: Kleingruppe
Material: Eiswürfel, 1 Plastikdecke
Spielanleitung: Die Erzieherin färbt Wasser und macht daraus Eiswürfel. Diese werden auf eine Plastikdecke gelegt. Die Kinder nehmen die Folie hoch und schwenken sie leicht umher, sodass alle Würfel tanzen.

Eisbeutelrutschen

Alter: ab 2 Jahre
Ort: draußen
Mitspieler: Kleingruppe
Material: Eiswürfel, Gefrierbeutel, Folienschweißgerät, 1 Plastikdecke
Spielanleitung: Die Erzieherin füllt kleine Gefrierbeutel mit bunten oder einfarbigen Eiswürfeln und verschweißt diese fest. Nun können die Kinder die Beutel über die ausgebreitete Plastikdecke rutschen lassen.

Winterlandschaften gestalten

Spuren im Schnee

Alter: ab 2 Jahre
Ort: draußen
Mitspieler: Kleingruppe
Material: Schnee, Stöcke, Bälle
Spielanleitung: Die Kinder ziehen mit ihren Körpern, mit Stöcken und Bällen Spuren in den Schnee.

Schneebilder malen

Alter: ab 2 Jahre
Ort: draußen
Mitspieler: Kleingruppe
Material: Schnee, Spritzflaschen, Fingerfarben, Wasser
Spielanleitung: Die Erzieherin füllt in eine Spritzflasche verdünnte Fingerfarbe. Damit macht es den Kindern großen Spaß, bunte Bilder, Zeichen und Symbole in den weißen Schnee zu malen.

Schneetürme bauen

Alter: ab 2 Jahre
Ort: draußen
Mitspieler: Kleingruppe
Material: Schnee, Eimer, Dosen, Schaufeln
Spielanleitung: Die Kinder füllen Eimer und Dosen mit Schnee und stülpen sie um. So entstehen viele Schneetürme. Bleiben sie stehen, können die Kinder beobachten, wie die Türme sich allmählich verändern.

Schneefiguren bauen

Alter: ab 2,5 Jahre
Ort: draußen
Mitspieler: 6–8 Kinder
Material: Schnee, für jedes Kind 1 Schaufel und 1 Eimer
Spielanleitung: Die Kinder bauen allein oder gemeinsam viele fantasievolle Schneefiguren.

Im Land der Schneeberge

Alter: ab 2,5 Jahre
Ort: draußen
Mitspieler: 6–8 Kinder
Material: Schnee, Schaufeln, Schubkarren, Naturmaterialien
Spielanleitung: Die Kinder bauen allein oder gemeinsam eine Winterlandschaft mit vielen Schneebergen und schmücken sie mit Naturmaterialien.
Hinweis: Diese Spielaufgabe kann sich über mehrere Tage hinziehen. Helfen die älteren Kinder mit, entsteht eine Schneelandschaft.

2. Auflage

Gedruckt auf umweltfreundlichem, chlorfrei gebleichtem Papier

Layoutentwurf und Produktion: art und weise, Freiburg
Umschlaggestaltung: R•M•E Roland Eschlbeck/Rosemarie Kreuzer
Umschlagfoto: Hartmut W. Schmidt, Freiburg
Illustrationen: Anja Wrede, Bad Nenndorf
Lektorat: Cornelia Schönfeld, Freiburg

www.herder.de
Gesamtherstellung: fgb • freiburger graphische betriebe 2007
www.fgb.de

ISBN 978-3-451-29257-6